低空经济100问

任群星　许少亮　陶勇◎著

文化发展出版社
Cultural Development Press
·北京·

图书在版编目（CIP）数据

低空经济100问 / 任群星，许少亮，陶勇著．
北京：文化发展出版社，2025．7．—ISBN 978-7-5142-4695-7

Ⅰ．F561.9

中国国家版本馆CIP数据核字第20259Z3M21号

低空经济100问

任群星　许少亮　陶　勇　著

责任编辑：安玉霞　　责任校对：侯　娜
责任印制：邓辉明　　封面设计：思享文化
出版发行：文化发展出版社（北京市翠微路2号　邮编：100036）
网　　址：www.wenhuafazhan.com
经　　销：全国新华书店
印　　刷：三河市中晟雅豪印务有限公司

开　　本：880mm × 1230mm　1/32
印　　张：9.25
字　　数：170千字
版　　次：2025年7月第1版
印　　次：2025年7月第1次印刷

定　　价：68.00元
I S B N：978-7-5142-4695-7

◆ 如有印装质量问题，请电话联系：010-65583678

《低空经济100问》著作团队

主 著 作 者： 任群星　许少亮　陶　勇

参与著作者： 康　超　吴荣伟　陈　情　孙　哲
戴炳奎　蒋晓峰　张秀桂　卢喜招
赖志朋　王欣婷

作者简介

任群星 女，高级工程师，现任福建中咨工程咨询有限公司执行董事、总经理，福建中咨规划设计研究集团有限公司董事长。从事工程咨询工作二十余年，始终坚守在业务一线，具有丰富经验。研究领域包括项目策划、产业研究、规划咨询、评估咨询、管理咨询、PPP咨询等，主持或参与完成的项目获得省部奖2项。

许少亮 男，正高级工程师，正高级经济师，注册城乡规划师，硕士生导师。现任福建中咨工程咨询有限公司总经理助理，福建中咨规划设计研究集团有限公司董事、总经理。研究领域包括项目策划、产业研究、规划研究、工程咨询、国土空间规划、工程设计、乡村振兴等课题。主持或参与完成的项目获得省部奖18项，发表专业论文16篇，取得发明专利1项。

陶勇 男，正高级工程师，注册城乡规划师，硕士生导师，博士。现任福建中咨规划设计研究集团有限公司董事、副总经理。研究领域包括项目策划、规划研究、国土空间规划、工程设计、乡村振兴等课题。主持或参与完成的项目获得省部奖48项。

内容简介

《低空经济100问》是探讨低空经济这一战略性新兴产业的综合性研究报告，涵盖基本概念、发展历程、技术与创新、市场应用、挑战与机遇、社会影响及未来展望等内容。本书从基础理论切入，明确低空经济的定义、场景特征及其与传统航空经济的差异，梳理其产业链构成与核心技术，分析物流配送、城市空中交通（UAM）等典型场景，探讨其对公共服务、区域经济及环境保护的推动作用。报告指出低空经济将深度融合人工智能、5G等新兴技术，推动绿色低碳转型，成为城市交通、物流及智慧城市建设的重要驱动力，其发展需平衡技术创新与安全监管，最终构建“空—地”协同的立体化经济生态。

福建中咨规划集团
微信公众号

序　言

当前，全球低空经济正处于爆发式增长的关键期。无人机配送、城市空中交通、低空旅游等新业态方兴未艾，5G、人工智能、新能源等技术与低空经济深度融合，正在重塑产业形态和生活方式。我国低空经济起步虽晚，但发展迅猛，已在深圳、成都、合肥等地形成多个产业集群，涌现出一批具有国际竞争力的创新企业。

低空经济的崛起，代表着技术创新的突破，蕴含着重塑产业生态、优化空间布局的战略价值。本书以系统化的问答形式，构建了完整的低空经济认知框架。从基础概念到技术体系，从应用场景到政策环境，抽丝剥茧地揭示了这一新兴经济形态的内在逻辑和发展规律。本书这一结构化的知识呈现方式，既体现了工程思维的系统性，又兼具咨询方法的实用性。

福建中咨规划集团是中国国际工程咨询有限公司的重要成员，成立以来始终深耕区域规划与产业咨询领域，近百项成果荣获各级嘉奖，具有扎实深厚的研究能力，形成了立足行业、服务决策的研究取向，在本书中充分展现了其研究特色：既立足政策高度，又紧贴实践需求，既着眼可持续发展，又聚焦空地统筹，见解独到，分析透彻，体现了研究团队的前瞻思维，发挥工程咨询多学科多专业的优势作用，为政策制定提供前瞻性、可落地、一揽子的解决方案。

本书是工程咨询行业丛书中的行业通识类书籍。为进一步加大行业研究工作的宣传力度，构建工程咨询行业出版物体系，中国工程咨询协会规划了智库研究、理论指南、标准规范、行业通识、年度报告、其他等六类出版物，旨在通过一系列高质量、有特色的出版物，提升行业整体研究能力，扩大行业影响力和辐射力。

期待《低空经济100问》能够成为社会各界了解低空经济的重要窗口，成为推动产业发展的实用指南。更期待更多的专家学者像本书作者团队一样，以专业智慧服务国家战略，以创新思维引领产业发展。让我们共同把握低空经济发展机遇，以开拓者的勇气和实干家的精神，在这片充满希望的蓝天下，谱写新时代高质量发展的壮丽篇章！

中国工程咨询协会会长

2025年6月30日

目 录

第一章 基本概念 001

001 什么是低空经济？ 003

002 低空经济的场景是什么？ 004

003 低空经济的场景特征是什么？ 005

004 低空经济与传统航空经济有何不同？ 007

005 低空经济场景的作用是什么？ 010

006 低空经济的基本构成要素有哪些？ 012

007 低空经济的产业链包括哪些产业？ 013

008 低空经济能否与传统航空经济共存？ 015

009 低空经济“四张网”是指什么？ 017

010 低空经济的飞行器有哪些类型？ 021

011 低空经济如何提升运输效率？ 023

第二章 低空经济发展历程和发展现状 025

012 低空经济的发展经历了哪些阶段？ 027

013 低空经济发展初期的主要应用领域是什么？ 028
014 低空经济场景分类有哪些？ 030
015 军用与民用低空经济的发展有哪些不同？ 031
016 低空经济的发展如何推动产业升级？ 033
017 不同场景如何影响低空经济的发展？ 034
018 低空经济的发展如何与其他高科技产业关联？ 039
019 低空经济对区域经济发展有哪些促进作用？ 041

第三章 低空经济的技术与创新 049

020 低空经济的核心技术有哪些？ 051
021 无人机技术在低空经济中的应用有哪些？ 056
022 低空飞行技术如何与传统航空技术融合？ 058
023 遥感技术在低空经济中的应用有哪些？ 060
024 低空经济中的飞行安全保障技术有哪些？ 063
025 自动驾驶技术如何支持低空经济的发展？ 066
026 5G技术如何推动低空经济的发展？ 068
027 低空经济如何与人工智能技术结合？ 070
028 低空经济中的数据传输技术如何保障飞行安全？ 073

029 低空经济中的飞行器控制技术有哪些发展趋势？ 074
030 低空经济中的数据分析技术有哪些应用？ 074
031 低空经济的虚拟现实技术如何应用于飞行训练？ 077

第四章 低空经济的市场应用 079

032 低空物流应用现状与前景如何？ 081
033 低空旅游市场前景如何？ 088
034 低空消防救援的实际应用有哪些？ 090
035 农业领域中低空飞行器的应用有哪些？ 093
036 低空经济在智慧城市建设中的应用有哪些？ 095
037 低空经济如何促进绿色发展与环保？ 097
038 低空经济的多元化应用是否存在市场瓶颈？ 098
039 低空经济中的城市空中出行（UAM）如何发展？ 100
040 低空经济在测绘行业的应用有哪些？ 102
041 低空经济在石油和天然气领域的应用有哪些？ 103

042 低空经济在电力行业的应用有哪些？ 105
043 低空经济在水利行业的应用有哪些？ 106
044 无人机技术如何助力智慧农业发展？ 108
045 低空经济对传统运输业的影响是什么？ 111

第五章 低空经济的挑战与机遇 115

046 低空经济发展面临的主要挑战是什么？ 117
047 低空经济空域管理如何突破瓶颈？ 120
048 低空经济的商业模式有哪些创新方向？ 123
049 如何平衡技术创新与监管需求？ 126
050 如何吸引资本投入低空经济领域？ 129
051 低空经济如何推动区域经济的发展？ 130
052 低空经济的可持续发展如何实现？ 132
053 如何平衡低空经济的发展与环境保护？ 135
054 低空经济中的人才需求有哪些？ 138
055 如何保障低空飞行安全？ 141
056 如何有效提升低空经济的社会接受度？ 144
057 低空经济如何应对空域资源的竞争与协调？ 147
058 哪些政策有助于低空经济健康发展？ 150

第六章 低空经济的社会影响 155

059 低空经济如何推动社会智能化发展？ 157
060 低空经济是否会改变城市交通的格局？ 159
061 低空经济对普通民众有何影响？ 160
062 如何评估低空经济对环境的影响？ 162
063 低空经济如何促进公共服务的效率提升？ 164
064 低空经济是否能解决“最后一公里”的物流问题？ 166
065 低空经济能否为经济欠发达地区带来新的经济机会？ 168
066 低空经济在灾难应急管理中有何作用？ 170
067 低空经济如何影响传统就业市场？ 173
068 低空经济能否在应急救援体系建设中发挥更大作用？ 177

第七章 低空经济的未来发展趋势 183

069 低空经济未来的发展方向是什么？ 185
070 低空经济的发展是否会改变传统行业格局？ 187

071 未来低空经济是否会进入更多民用市场？ 192
072 低空经济的无人驾驶飞行器是否会成为主流？ 193
073 低空经济的商业模式能否突破现有的产业限制？ 196
074 低空经济在物流领域的市场潜力有多大？ 199
075 低空经济的产业链构成如何？ 200
076 低空经济对无人机产业的推动作用是什么？ 202
077 低空经济如何推动传统产业转型升级？ 204
078 低空经济如何带动无人机产业发展？ 208
079 低空经济如何促进农村经济发展？ 212
080 低空经济带来哪些新兴职业？ 215
081 低空经济如何推动新基建发展？ 220
082 低空经济如何协助医疗卫生服务？ 224
083 低空经济对智慧旅游有哪些推动作用？ 228
084 未来低空经济如何实现更广泛的民众参与？ 232

第八章 低空经济的未来展望 237

085 低空经济的未来发展面临哪些挑战？ 239

086　低空经济如何突破技术瓶颈实现更广泛应用？　240
087　低空经济的未来展望如何与可持续发展目标对接？　242
088　低空经济是否能与传统产业深度融合？　243
089　低空经济在未来会如何影响全球经济格局？　245
090　低空经济的发展对社会结构有何影响？　246
091　智能化发展将为低空经济带来哪些变革？　247
092　低空经济如何重塑社会结构？　251
093　低空经济的智能化发展将带来哪些改变？　255
094　低空经济对全球交通系统的影响是什么？　257
095　如何构建低空经济产业生态圈？　259
096　低空经济的普及是否存在技术壁垒？　264
097　低空经济的社会接受度如何提高？　265
098　低空经济如何推动新质生产力的数字化转型？　267
099　低空经济与5G、6G等通信技术的结合会带来哪些新机遇？　272
100　低空经济如何带动区域创新创业生态的形成？　276

第一章

基本概念

001　什么是低空经济？

低空经济是前景广阔的战略性新兴产业，是新质生产力的典型代表，它依托低空空域（垂直高度1000米以下、根据实际需要延伸至不超过3000米的低空空域范围），结合无人机、eVTOL（电动垂直起降飞行器）、固定翼飞机等先进航空技术，广泛应用于物流配送、城市空中交通、农业植保、应急救援等多个领域。这种经济形态突破了传统地面与航空运输的界限，为现代社会带来了创新的生产方式和服务场景。

低空经济的核心优势在于其高效性、灵活性和可扩展性，能够迅速响应多样化的需求。例如，在物流领域，无人机的应用大幅缩短了偏远地区的物资配送时间；在城市交通领域，eVTOL提供了一种快速且环保的空中出行选择，有效缓解了城市拥堵问题。

在全球范围内，低空经济被普遍视为未来战略性新兴产业的关键发展方向。随着5G通信技术和北斗导航系统的广泛应用，低空经济已经从技术试验阶段迈向了大规模商业化应用的新阶段。在国内，低空经济已被明确定位为建设科技强国的重要组成部分，政府出台了一系列政策，旨在推动空域管理改革和无人机产业的快速发展。

未来，低空经济将在智慧城市建设、绿色经济发展以及社会效率提升等方面发挥核心作用，为社会带来更加便捷、高效和可持续的发展动力。

002 低空经济的场景是什么？

低空经济的场景是指在低空空域中，通过运用一系列先进的低空载运装备——包括但不限于固定翼飞机、直升机、热气球、飞艇、滑翔伞、无人机、eVTOL和飞行汽车——来执行各种任务。这些装备能够搭载特定的低空作业装备，如高压清洗系统、外吊挂装载运输系统、遥感技术与系统，以及喷洒/撒播系统等，以适应不同的作业需求。

这些活动依赖于一系列与低空相关的关键技术，包括精准定位、自主避障、低空感知、智能调度、图像处理与识别技术等，这些技术确保了低空作业的安全和效率。低空经济场景的应用覆盖了国民经济的多个行业分类，如农林牧渔业、电力、交通运输、教育、文化等，它们为这些行业提供了技术支持和解决方案，提高了生产效率，降低了人力与物力成本，满足了用户的产品需求，并改善了用户的消费体验。

“低空经济场景”由五个基本要素构成：载运装备、作业装备、关键技术、行业分类和实现功能。这些要素相互作用，共同塑造了一个多维度、跨行业的经济活动领域，它们不仅推动了技术创新，也为社会经济发展注入了新动力。

003 低空经济的场景特征是什么？

颠覆性：无人机和eVTOL等新型低空航空器的出现，正在推动低空经济的应用场景从传统通用航空运营领域扩展到更广泛的新兴领域，产生颠覆性影响。例如，在物流运输领域，无人机技术的发展使得物资投送更加高效便捷，尤其是在交通不便地区或紧急情况下，无人机能够迅速响应并完成物资的快速投送。以黄山景区为例，无人机一天的运输量相当于30名搬运工，降低了景区约1/4的综合运输成本，为山岳型景区提供了突破地形限制的新型运输方式。无人机在农业植保、环境监测、电力巡检等领域的应用，也颠覆了传统作业方式，甚至改变了现代战争的格局。

高科技性：低空经济是一个融合了众多尖端科技的综合经济形态。从传统航空器到无人机，再到eVTOL，每一种新型航空器的诞生都是对材料科学、空气动力学、电子信息技术等多个领域的深度整合与创新。低空经济的高科技特征不仅体现在先进的航空器技术上，同样体现在场景端。例如，南京海事局基于5G低空智联网建成的新型海事智慧立体巡航体系，不仅解决了传统海事巡检成本高、取证难、效果差的问题，还保护了长江环境、防止大气污染。低空经济正以前所未有的视角和精度助力城市规划和设计，提供详尽且实时的数据支持，帮助规划者制定出更加科学合理的规划方案。

多样性：低空经济场景的多样性体现在应用行业的多样、载运装备的多样、作业装备的多样以及运行主体的多样。低空经济场景涉及农林牧渔、制造、矿业、电力、交通、物流、环境、卫生、体育、娱乐、公共服务和管理等行业领域，具体体现为“低空+行业”的模式。低空载运装备包括固定翼、直升机、动力伞、滑翔伞、三角翼、热气球、飞艇、无人机、eVTOL、飞行汽车等。低空经济应用行业的多样促进了其作业装备的多样，如电力行业的外吊挂系统、农业行业的喷洒/撒播系统。运行主体既包括企事业单位，也包括政府部门和个人。

演进性：作为新质生产力的典型代表，低空经济的发展驱动力是颠覆性创新，这使得低空经济场景不是一成不变的，而是动态变化的。随着技术进步、市场需求增加、产业演化，一些场景将被淘汰，另一些场景将发展壮大，还有一些新的场景将被开发出来。例如，深圳市龙岗区打造的“低空+高层建筑无人机消防”应用场景，成为应急消防手段的有力补充。随着eVTOL技术的成熟，直升机在城市内的摆渡飞行场景或逐渐被eVTOL代替。

004　低空经济与传统航空经济有何不同？

（一）飞行高度与范围

低空经济：主要涉及飞行高度在3000米以下的航空活

动，通常包括无人机、直升机、小型飞机等，覆盖的范围相对较小，但灵活性较强，适用于城市空中出行、物流运输、农业监测等。

传统航空经济：主要指的是商业航空和货运航空，涉及的是飞行高度在8000米以上的航空活动，通常是跨城市、跨国甚至全球性的航空运输。

（二）航空器类型

低空经济：主要使用小型航空器（如无人机、轻型飞机、直升机等），这些航空器通常具有较低的载重能力，但灵活性强、成本较低，适用于短途运输、特殊任务等。

传统航空经济：使用大型喷气式飞机，主要用于长途商业航班、货运等，载客量大、速度快，但成本高，适用于大规模的客货运输。

（三）市场需求

低空经济：低空经济的需求较为细化，涵盖领域包括但不限于城市空中出行、物流配送、农业植保、应急救援、地理信息采集等。随着技术进步与政策放宽，低空经济的市场潜力不断扩展。

传统航空经济：传统航空经济的需求主要集中在跨区域、跨国的大规模人员和货物运输上，市场需求相对成熟且稳定。

（四）技术与监管环境

低空经济：低空经济的发展依赖无人机技术、轻型飞机技术等新兴技术的突破，同时面临复杂的监管挑战，尤其是在飞行安全、空域管理、隐私保护等方面。许多国家正在制定新的政策法规，以促进低空经济的健康发展。

传统航空经济：传统航空经济已拥有成熟的技术和监管框架，航空器的安全性、空域管理等方面有严格的规定和标准，发展相对稳定。

（五）成本结构

低空经济：使用的小型航空器成本较低，运营成本也较低。尤其是在物流配送、短途运输等领域，相比传统航空经济，低空经济的成本效益明显，且能更好地适应个性化和定制化的需求。

传统航空经济：传统航空经济的运营成本较高，主要由于飞机购置和维护、航油、人员等支出较多。尤其是在长途航班和大规模货运中，传统航空的优势体现在运输效率和规模经济上。

总之，低空经济是一个新兴的产业，与传统航空经济相比，它更侧重于灵活性、小型化和个性化应用，但在技术、监管等方面仍面临一定的挑战。随着技术的发展和政策的逐步完善，低空经济有望成为未来航空产业的重要组成部分。

005 低空经济场景的作用是什么？

推动新质生产力发展：在新质生产力领域，新技术的突破、新赛道的培育、新产业的成长，都离不开市场需求的拉动，而市场需求的有效满足又需要相应的应用场景作为载体。

拓展新的经济增长点：低空经济场景的开发和应用，为经济发展提供了新的增长点，尤其是在旅游、物流、城市管理等方面，低空经济场景的应用有助于提升服务质量和效率，创造新的消费需求和市场机会。

提升公共服务效率和质量：在智慧城市管理、环境监测、交通管理等公共服务领域，低空经济场景的应用有助于提升服务效率和质量，实现更精细化的管理。

驱动技术创新和产业发展：低空经济场景作为新技术、新产品、新模式实际应用的具体情境或环境，是试验空间、市场需求、弹性政策的复合载体。这些场景让低空新技术新产品在实践中实现快速迭代优化，进而展现其成效和商业价值。

满足市场需求的有效载体：市场需求的有效满足需要相应的应用场景作为载体支撑。场景使得低空新技术新产品能够直接解决现实生活中的问题，创造出可衡量的经济和社会价值。

促进产业生态构建：打造出稳定的、规模可观的应用场景后，各类市场主体可以通过场景的大规模应用提高收益，进而带动配套产业的发展，推动形成分工明确、适宜产业成长的低空经济生态。

实现快速响应和精准服务：低空经济场景通过无人机、eVTOL等新型航空器的应用，提供了快速、精准的服务，尤其在应急救援、医疗救护、城市消防等领域，能够节省宝贵的时间，提高救援效率。

促进军民融合发展：低空经济场景在军事和民用领域

的应用，有助于推动军民融合深度发展，提高资源利用效率和技术创新能力。

006 低空经济的基本构成要素有哪些？

飞行器：包括无人机、轻型飞机、直升机、eVTOL等，这些飞行器是低空经济活动的核心，用于执行各种飞行任务，如物流运输、农业植保、空中游览等。

低空域：低空经济依赖一定高度以下的空域资源，通常指1000米以下或扩展至3000米以内的空域，这些空域的开发利用是低空经济的基础。

空域管理系统：包括通信、导航、航空通信导航监视（CNS）以及空中交通管理（ATM），是确保飞行安全、提高飞行效率的关键技术体系。

飞行控制技术：涉及飞行器的导航、控制和数据处理等核心技术，包括陀螺仪和芯片等核心电子元器件，以及飞控系统的开发和应用。

市场需求划分：低空经济的发展受到市场需求的驱动，包括物流、农业、旅游、城市服务等多个领域的商业化探素和应用。

产业链结构：低空经济的产业链包括低空制造产业、低空飞行产业、低空保障产业和综合服务产业，涵盖了从飞行器研发、制造到运营、服务、维护等各个环节。

政策支持：国家和地方政府对低空经济的支持政策，为低空经济的发展提供了政策环境和推动力。

技术进步：技术创新是推动低空经济发展的重要因素，包括5G-A通感一体技术、卫星互联网等的发展，为低空通信提供了新的解决方案。

这些要素共同构成了低空经济的基本框架，推动了低空经济的发展和应用。

007　低空经济的产业链包括哪些产业?

低空飞行器制造：包括整机制造，如eVTOL、无人机（消费级、工业级）、直升机、传统固定翼飞机等，还涉及飞控系统、动力系统、机载系统、材料、元器件、模具及零部件等。

低空运营服务：包括直升机运营、无人机运营、低空物流、低空旅游等。这些服务涵盖了从物流配送到旅游观光的多种商业运营活动。

低空基础设施与配套保障：包括信息基础设施、低空规划、飞行培训、检测检验、地面保障等环节。这些基础设施和配套服务为低空经济的安全和效率提供支持。

原材料与核心零部件：原材料包括金属原材料、特种橡胶与高分子材料等；核心零部件制造企业涉及电池、电机、电控、航空材料等。

应用场景：低空经济的应用场景广泛，包括旅游业、物流业、文旅业与巡检业等。这些应用场景体现了低空经济在不同行业中的实际应用和商业价值。

政策支持与监管服务：随着低空经济的发展，政策支持和监管服务也成了产业链的重要组成部分，涉及空域管理、飞行安全监管等。

技术服务与研发：包括无人机、eVTOL等飞行器的技术研发，以及相关的航空技术服务。

产业园区与产业集群：我国在多个地区建立了无人机产业园区和产业集群，促进了低空经济相关企业的集聚和发展。

这些组成部分共同构成了低空经济的完整产业链，覆盖了从研发制造到运营服务的各个环节，并且随着技术进步和市场需求的变化，产业链还在不断扩展和深化。

008　低空经济能否与传统航空经济共存？

低空经济与传统航空经济的共存是完全可行的，并且二者在未来的航空生态中将互为补充、共同发展。

传统航空经济通常指高空航空产业，以民航、运输航空为主，涉及机场建设、航线运营、大型飞机制造等。这些领域通常具有高投入、高门槛的特点，适用于长途和高效的大规模运输，服务范围主要集中于长距离的人流与物流。

低空经济则主要涵盖低空旅游、通用航空、无人机产业、航空运动、低空物流和低空农业服务等。与传统航空经济相比，低空经济更加灵活、多样化、个性化，服务范围更加广泛且灵活，能够覆盖传统航空经济无法有效触及的市场和人群。

低空经济和传统航空经济可以实现有效的共存与融合。

市场互补：传统航空经济满足了大规模、长距离的交通需求，而低空经济侧重满足中短距离、小规模、个性化的服务需求，两者在市场需求层面相互补充。

产业链融合：传统航空经济形成的基础设施、人才培养体系、空域管理经验，可为低空经济提供良好的基础设施和技术支持。低空经济的快速发展，也为传统航空业带来了新技术与新商业模式，例如，无人机技术可为传统航空企业提升地面巡检、应急救援等领域的服务能力。

政策协同：随着国家逐步放开低空空域管制，传统航空领域的基础设施和监管经验能为低空经济的发展提供制度支持和监管指导，使得低空经济有序、健康地发展。

技术共享：低空经济发展所推动的先进技术（如无人机技术、飞行器小型化技术）可反向应用于传统航空领域，实现技术创新与产业升级。

因此，低空经济与传统航空经济并非替代关系，而是相互促进、相互依赖的共生关系。只有二者协同发展，才能有效满足日益多元化的社会需求，创造更丰富的市场机会和经济效益。

009　低空经济“四张网”是指什么？

（一）设施网

设施网是低空经济的物理基础设施，涵盖了低空飞行起降站、接驳设施、能源站、紧急备降现场、隐蔽设施以及飞行测试现场等。这些设施为低空飞行提供了关键的硬件支持，确保了飞行活动的安全、完善和便捷。设施网的高效提升不仅促进了低空飞行的整体服务能力提高，还为eVTOL等新型航空器的广泛应用奠定了坚实的基础。特别是，全局起降点的规范化建设与各地设计院布局的加速推进，为eVTOL等创新型航空器提供了简单的起降现场与服务，推动了其在城市空中出行、物流运输等。

（二）空联网

空联网被誉为低空经济的“信息高速公路”，它通过整合通信、导航、监视和气象等多个关键领域的设施，实现了对低空飞行活动的全面感知和精准控制。空联网的构建不仅极大地提高了飞行的安全性，而且为飞行数据的收集、分析和应用奠定了坚实的基础，具体包括以下设施。

通信设施：利用先进的5G-A通感一体化技术，空联网实现了无人机与地面控制中心之间的实时通信和数据交换，确保了飞行过程中信息的无缝流动和高效传递。

导航设施：依托精准可靠的北斗导航系统，空联网为低空飞行提供了精确的导航服务，保障飞行器能够安全、准确地抵达预定目的地。

监视设施：通过部署雷达、摄像头等先进监控设备，空联网对低空飞行活动进行实时监控和预警，有效预防和减少潜在的飞行风险，确保飞行安全。

气象设施：空联网提供实时的气象信息服务，为飞行员提供精确的天气预报和飞行条件分析，从而保障飞行活动的安全和顺利完成。

（三）航路网

航路网是低空经济航行保障的核心，它囊括了低空数字空域图、数字孪生、3D地图等关键数字资源。这些高科技资源为低空飞行提供了精确的导航和规划服务，确保了飞行的准确性和高效率。

空域表示：通过数字化空域图等先进工具，清晰地展示低空空域的布局和使用状况，助力飞行员合理规划航路，优化飞行路径。

数字孪生：利用数字技术对低空空域进行模拟和仿真，为飞行规划提供技术支持，有效预防飞行冲突，提升飞行安全性。

3D地图：为飞行员提供三维立体的地图信息，使其能够更直观地理解飞行环境和地形，从而提高飞行决策的精确度。

知识库与规则库：存储了丰富的飞行知识和相关法规，为飞行员提供决策参考，增强飞行的合规性和安全性。

（四）服务网

服务网是低空经济的数字化管控服务系统，它将监管、服务与协调功能集于一体。通过低空监控系统、飞行服务系统及飞行管控系统的协同作业，服务网确保了飞行的安全、合法和高效。

服务网功能：服务网通过数字化手段，实现了对低空飞行的统筹、协调、管理和分配，支撑和优化各类低空飞行活动。

服务网发展：服务网的建设不仅提升了飞行的安全性和可靠性，还为飞行服务的优化和升级提供了强有力的支持。展望未来，服务网将朝着“一站式”服务方向发展，为用户提供更加便捷、高效的飞行服务体验。

低空监控系统：实时监控低空飞行状态，对异常情况进行预警，确保飞行安全无虞。

低空飞行服务系统：为飞行活动提供全流程服务，包括飞行计划的申报、审批、执行等，保障飞行过程的顺畅进行。

低空飞行管控系统：负责协调各类飞行活动，确保飞行空域的合理利用，避免冲突和干扰，维护空中交通秩序。

通过这些细致的描述，我们可以看到航路网和服务网在低空经济中扮演的关键角色，它们不仅提高了飞行的安全性和效率，还为飞行服务的未来发展奠定了坚实的基础。

010 低空经济的飞行器有哪些类型?

各类低空飞行器技术特点对比

类型	典型航程 / 续航	载重能力	能源类型	适飞高度
多旋翼无人机	较短（续航约15~60分钟；航程通常在数千米以内）	较小（载荷一般在几公斤以内；增加旋翼数可提升载重）	电池供电为主（电动机+锂电池驱动；少数大型型号采用燃油）	超低空为主（常在100~500米内活动；物理升限可达数千米但受法规限制）
固定翼无人机	较长（续航可达1~2小时，甚至更长，航程在几十到上百千米）	较大（相比多旋翼，可携带更重的任务载荷）	燃油或电动（小型多为电池动力，大型多用燃油发动机，亦有混合动力机型）	低空 / 中空（根据任务需求可飞至数千米高度，长航时型号甚至可达高空）
eVTOL电动垂直起降飞行器	中等（受电池能量密度限制，目前航程多在20~50千米）	中等（一般可载1~4名乘客或百公斤级货物，载重能力尚不及同级直升机）	纯电动力为主（电动机+电池，部分在研氢燃料电池或混合动力）	低空（城市空域内几百米高度为主，便于城市交通和降落）

续表

类型	典型航程 / 续航	载重能力	能源类型	适飞高度
直升机	远程（单次航程可达数百千米，常见范围400~800千米）	大（可载多人和大量物资；大型运输直升机可吊挂数吨货物甚至更高）	燃油发动机（活塞或涡轴发动机，少数新型在探索电动 / 混动）	低空 / 中空（通常在 3000 米以下执行任务，高性能直升机可攀升到 5000~6000 米高度）
轻型固定翼飞机	远程（航程通常可达 500~1000 千米，适合中短途运输）	中等（可搭载2~10人或数百公斤货物，满足一般通勤运输需求）	燃油发动机为主（活塞或涡桨发动机，新兴型号开始采用电动推进）	低空 / 中空（一般巡航在 3000 米左右高度，视需求可升至5000米以内）
飞艇	极远（可连续滞空数天到数周；航程可达上千千米）	大（具备吨级载荷能力，现代大型飞艇可载货数吨甚至超过 10 吨）	燃油或混合动力（传统飞艇用燃油发动机驱动螺旋桨，新一代探索电力、太阳能等动力）	低空 / 中空（常规飞艇巡航于几百到几千米高空；高空长航时飞艇设计在平流层约 20 千米处运行）
滑翔机	不确定（无动力，航程取决于上升气流条件，可长时间滞空并跨越数百千米）	极小（通常仅载 1~2 名飞行员，无额外货物承载能力）	无发动机（利用气流抬升飞行，零油耗；部分现代滑翔机配备小型发动机用于自助起飞）	低空 / 中空（通常在数百至数千米高度滑翔；遇特殊气流可升至更高空）

注：航程为一次飞行的典型距离或持续时间，载重为可携带的人员或货物规模。

011　低空经济如何提升运输效率?

低空经济显著提升运输效率的方式主要体现在以下几个方面。

无人机配送和低空物流运输：无人机配送能够节省时间、降低成本，特别是在偏远地区和紧急配送中具有明显优势。例如，无人机可以轻松跨越地理障碍，将货物运送到偏远或交通不便地区，如山区或岛屿。此外，无人机还能快速运输急需的药品、血液、疫苗等医疗物资。

提高物流组织化程度和效率：通过提高全社会物流实体硬件和物流活动数字化水平，鼓励开展重大物流技术攻关，促进大数据、5G和北斗卫星导航系统等技术的广泛应用，推动智慧物流系统化集成创新。

减少人为因素导致的事故和损失：无人驾驶技术的应用可以减少人为因素导致的交通事故和货物损失，提高运输安全性和效率。

推动产能协同和运力优化：利用“互联网+无人机”、人工智能等技术和方式，实现产能协同和运力优化，无人机在盘点、运输和配送等环节中合理地开发利用，衔接配合好其他作业方式，从而发挥协同优势，助力物流行业降本增效。

提升运输配送的可达性：无人机运输模式具有方便高效、节约土地资源和基础设施的优点，在一些城市的交通瘫痪路段、拥堵区域，或地面交通无法畅行的偏远地区，应用常规物流往往耗时长、成本高；而应用无人机运输则能够通过三维立体的物流线路规划，合理利用闲置的低空资源，有效减轻地面交通的负担。

降低成本、调度灵活：无人机运输相比一般的航空运输和直升机运输，具有成本低、调度灵活等优势，其无人驾驶的特点能使机场在建设和营运管理上实现全要素的集约化发展。

推动技术创新和管理革新：无人机配送将推动物流行业的技术创新和管理革新，重塑电商和零售业的竞争格局。

第二章

低空经济发展历程和发展现状

012　低空经济的发展经历了哪些阶段？

概念提出阶段：低空经济作为概念首次提出，关注低空空域的利用和通用航空发展。

政策推动阶段：在政策支持下，低空经济逐渐被重视。2021年，“低空经济”首次被写入中国国家“十四五”规划，成为国家战略性新兴产业的一部分。

技术发展阶段：无人机、eVTOL（电动垂直起降飞行器）等新型航空器技术的快速发展，为低空经济提供了技术基础，推动了低空经济的应用场景从传统的通用航空运营领域逐步拓展到广泛的新兴领域。

应用场景拓展阶段：低空经济开始在多个行业领域得到应用，如农业植保、环境监测、电力巡检、物流配送等，颠覆了传统作业方式，提高了效率和安全性。

商业化运营阶段：随着技术成熟和市场需求的增加，低空经济开始进入商业化运营阶段。无人机物流、空中出租车等商业服务模式开始出现并逐步推广。

法规和标准建立阶段：为了规范和促进低空经济的健

康发展，相关法规和标准开始建立和完善，包括空域管理、飞行安全、航空器适航审定等。

产业生态构建阶段：低空经济的产业链条逐渐完善，从航空器研发制造到运营服务，再到低空飞行综合保障，各个环节形成了协同发展的产业生态。

智能化和数字化阶段：低空经济朝智能化和数字化方向发展，5G、大数据、人工智能等技术应用提高了低空经济的效率和精准度。

可持续发展阶段：低空经济在发展的同时，也开始注重环境保护和可持续发展，探索低碳环保的航空器技术和运营模式。

013 低空经济发展初期的主要应用领域是什么？

农业植保与监测：无人机在农业中的应用，包括精准施药和高效覆盖，显著提高了作业效率，减少了农药使用和环境污染。

物流配送：在物流配送领域，特别是在交通不便地区或紧急情况下，无人机能够迅速完成物资配送。

环境监测与电力巡检：无人机在环境监测、电力巡检等领域的应用，颠覆了传统作业方式，提高了效率和安全性。

应急救援：无人机在应急救援领域的应用，如快速部署和响应能力，加速救援行动，作为临时基站使用，有效弥补了常规应急通信的不足。

城市消防：无人机在城市消防领域的应用，如深圳市龙岗区通过无人机飞行平台与地面测控装备、任务载荷的搭配使用，打造了城市高层建筑消防救援无人机系统解决方案。

空中游览与旅游：低空旅游作为一种新兴的旅游形式，将旅游观光延伸至空中，成为新的旅游业态。

城市空中交通（Urban Air Mobility，UAM）：以eVTOL为主要载体的城市空中交通场景，提供了近似到门、成本更低、噪声更低的出行服务。

工业巡检：无人机在工业领域的应用，如石油管道巡检、设施巡检等，提高了巡检效率和安全性。

014 低空经济场景分类有哪些？

（一）飞行地域角度

城市场景：主要指城市空中交通（UAM）。

非城市场景：包括偏远地区的农业、工业、林业、渔业、建筑业的作业飞行，以及医疗救援、气象探测、海洋监测等。

（二）功能用途角度

涉及物流配送、文旅消费、公共管理、生产作业、应急救援、城际通勤和特色文旅等多个应用领域。

（三）应用行业角度

涉及国民经济的90多个细分领域，如农业植保、应急通信等，提升了作业效率，减少了环境污染并提升了应急响应能力。

（四）使用载运装备角度

传统通用航空器：包括固定翼、直升机、热气球、飞艇等。

新型航空器：包括无人机、eVTOL（电动垂直起降飞行器）、飞行汽车等。

015 军用与民用低空经济的发展有哪些不同？

（一）应用目的

军事领域主要应用于侦察、监控、通信和战术支持，强调隐蔽性和高效打击能力。

民用领域应用广泛，涵盖物流配送、农业植保、城市管理等，注重效率、成本和服务质量。

（二）技术要求

军事领域技术要求更高，需要抗干扰能力、隐蔽性强和精度高的导航。

民用领域技术要求相对灵活，侧重经济性和实用性。

（三）监管与法规

军事领域受到严格的军事法规和保密要求的约束，相关技术和应用通常不对外公开。

民用领域受到民用航空法规的监管，须遵循公开透明的法律法规，确保安全和合规。

（四）投资与资金来源

军事领域资金主要来自国家国防预算，通常较为稳定，但受政治和军事战略的影响。

民用领域资金来源多样，包括私人投资、政府补贴和商业运营收入，受市场供需和经济周期的影响较大。

（五）市场驱动

军事领域发展受国家安全需求驱动，市场相对封闭，竞争主要体现在技术和战术的创新上。

民用领域发展受市场需求驱动，竞争激烈，企业需不断创新，以满足消费者的多样化需求。

（六）风险与安全考量

军事领域面临的风险主要是战场风险，对安全性的要求极高，必须确保技术和操作的可靠性。

民用领域面临的风险主要是操作风险和商业风险，安全性同样重要，但侧重于保障人员和财产的安全。

总的来说，低空经济在军事和民用领域的发展虽然有明显区别，但也存在一定的交叉和互动，民用技术的进步可以为军事应用提供技术支持，而军事技术的应用有时也能推动民用技术的发展。

016　低空经济的发展如何推动产业升级?

技术创新引领新趋势：低空经济推动了无人机、eVTOL等新技术的发展，拓宽了应用场景，提升了安全监管的可能性。

产业数字化转型：低空经济促进了行业的数字化转型，提升了如物流、农业、应急救援等领域的效率。

绿色发展：电动飞行器的普及符合全球减排趋势，推动了低空经济的绿色发展。

政策支持：政府的政策支持加快了低空经济的技术创新和产业升级。

市场需求催生新业态：随着市场需求增长，低空经济催生了无人机物流、空中出租车等新兴业态。

区域经济协同发展：低空经济的推广促进了不同区域的协同发展，如京津冀地区的低空产业联盟。

产业链条延伸和优化：低空经济推动了产业链的延伸，涉及航空器研发、基础设施建设、飞行服务等多个环节。

人才培养与创新体系：通过人才培养和创新体系建设，支持低空经济的持续发展和产业升级。

基础设施建设：加强基础设施建设和科研投入，为低空经济提供保障。

017 不同场景如何影响低空经济的发展？

低空经济的发展受到场景的深刻影响，不同应用场景直接决定了市场需求、技术路径、政策导向以及商业模式的成熟度。从城市空中交通、物流配送到农业植保、能源巡检，各类场景对低空经济的发展都具有不同的推动或制约作用。

（一）城市空中交通的推动力

城市人口密度高，交通拥堵问题严重，对空中出行的需求最为迫切。近年来，低空经济在这一领域的探索主要集中在电动垂直起降飞行器（eVTOL）的研发和试点运营上。城市空中交通（UAM）有助于缓解地面交通压力，提高出行效率，尤其是在大型城市群和都市圈中具有极大的市场潜力。对于低空经济而言，这一场景的最大挑战在于基础设施建设、空域管理以及社会接受度。目前，许多国家已经开始布局低空交通走廊，推动“低空高速公路”概念的落地。

（二）物流配送的产业化机会

无人机物流配送是低空经济中商业化最早、落地最快的领域之一，特别是在电商、快递、生鲜配送等行业中具有巨大潜力。相比传统配送方式，无人机能够更快地跨越地面障碍，降低人力成本，同时提升物流效率。例如，在中国，顺丰、美团等企业已经在偏远地区、农村市场测试无人机送货，并逐步扩大至城市核心区域。美国的亚马逊、UPS等公司也在积极推进无人机物流配送计划。然而，该场景的发展仍受限于空域管制、电池续航、天气适应性等因素。只有在监管政策更加灵活、技术成熟度提高、城市空域规划合理的前提下，低空物流才能真正进入规模化运营阶段。

（三）农业植保的普及性

在农业生产中，植保无人机的应用已经较为成熟，特别是在中国、日本等农田集约化程度较高的国家，植保无人机已成为农业现代化的重要组成部分。这一场景中，低空经济的发展受益于无人机技术的进步，如喷洒精准度提升、智能化路径规划以及农药使用效率提高。农业植保市场的增长得益于农民对无人机的接受度提升，同时，政府补贴政策也推动了无人机在农村的普及。相比城市空中交通和物流配送，农业植保的技术门槛相对较低，且受空域限制较小，因此是低空经济商业化程度最高的细分市场之一。

（四）能源巡检的稳定需求

电网、石油管道、风力发电站等能源基础设施通常分布在偏远或复杂地形地区，传统人工巡检成本高、效率低，甚至存在安全隐患。无人机巡检提供了一种更为高效、安全的解决方案，能够实时采集数据，进行高精度巡检，降低人工成本。例如，国家电网已在多个省份开展无人机巡检工作，通过AI识别故障，提高巡检效率。在风力发电领域，无人机可以对风机叶片进行快速检测，避免因叶片损伤导致发电损失。这一场景对低空经济的推动作用在于，其市场需求稳定，付费意愿强，能够快速形成商业闭环。

（五）应急救援的刚需

在自然灾害、山地搜救、医疗紧急救援等场景中，无人机的作用不可替代。比如，在地震、洪水、火灾等灾害现场，无人机能够快速进入灾区，进行侦察、投送物资、建立临时通信网络。在医疗领域，低空经济的发展也为器官运输、药品配送、救援无人机提供了新的可能。例如，非洲部分地区已经开始使用无人机投送疫苗，提高疫苗接种率。这些刚需场景推动了无人机和低空飞行技术的快速迭代，同时也加速了政府和社会对低空经济的认可。

（六）低空旅游的消费潜力

低空飞行旅游市场近年来逐渐兴起，例如直升机观光、热气球体验、滑翔伞等都是低空经济的组成部分。随着低空飞行器成本的降低，eVTOL等新型空中载具的出现，低空旅游的门槛进一步降低。例如，在海南、西藏、云南等地，低空旅游已经成为热门项目，游客可以通过直升机、滑翔伞等方式欣赏独特的自然风光。这一场景的增加取决于消费者的支付能力、旅游市场的发展趋势以及政府的支持政策。

（七）军民融合带来的技术突破

低空经济不仅限于民用市场，军民融合也是推动低空经济技术突破的重要动力。军用无人机的研发往往先于民用市场，许多技术成果最终都能应用于低空经济的商业领域。例如，自动驾驶、长续航电池、抗干扰通信系统等技术，最初在军用无人机上得到验证，随后逐步应用于物流、巡检、救援等场景。各国政府对于低空经济的投资和政策支持，也使得相关企业能够加速技术转化，实现更广泛的市场应用。

（八）低空经济的未来演进

不同场景对低空经济的影响各不相同，有些场景推动商业化落地，如物流、农业植保、能源巡检等；有些场景则受政策、基础设施建设制约，如城市空中交通、低空旅游等。总体而言，低空经济的发展趋势将逐步从单一场景应用向多场景融合演进，例如，低空物流与城市空中交通的结合、应急救援与能源巡检的协同等。同时，随着技术进步和政策优化，低空经济将在未来几年进入快速发展阶段，成为推动新一轮产业变革的重要力量。

018　低空经济的发展如何与其他高科技产业关联？

人工智能（AI）：AI技术广泛应用于低空经济，特别是在无人机和eVTOL的自主飞行、智能避障、路径优化等方面。通过AI技术，低空飞行器能在复杂环境中提高适应性和任务执行能力，增强飞行的智能化水平。

大数据：大数据在低空经济中发挥重要作用，尤其在低空交通管理、飞行数据分析和资源优化调度等领域。收集和分析飞行数据，能够优化飞行任务调度，提升运行效率，并且为决策提供精准支持。

云计算：云计算提供了强大的数据存储和处理能力，支撑了低空经济中大规模数据的处理和智能分析。通过云计算平台，与低空经济相关的网络数据可以得到有效整合与优化，确保飞行器、通信网、导航网和感知网的协调运行。

5G通信：5G技术的低延迟、高带宽特性，对低空经济至关重要，特别是在无人机的远程控制、实时数据传输和飞行器间的通信中。5G技术的应用提升了低空飞行器的安全性、实时性和可靠性，为低空经济的规模化应用提供了技术保障。

物联网（IoT）：物联网技术使得低空飞行器能够与各种传感器和监控设备实现互联，实时采集并处理飞行数据。IoT为低空经济中的智能物流、精准农业等领域提供了技术基础，并推动了各项业务的智能化发展。

数字经济：低空经济是数字经济的重要组成部分，推动了数据要素赋能实体经济的实践。低空经济通过数字化手段将低空空域资源转化为经济价值，推动了实体经济和数字空间的深度融合，并加速了数据驱动经济的发展。

绿色环保和可持续发展：低空经济推动绿色发展和可持续发展，尤其是电动飞行器和清洁能源技术的应用，减少了环境污染。低空经济与全球减排趋势契合，推动了行业朝低碳、绿色的方向发展。

019　低空经济对区域经济发展有哪些促进作用?

（一）产业升级：推动高端制造与新兴产业

低空经济蓬勃发展，正带动中国高端制造业和新兴产业升级。在无人机领域，中国已形成世界领先的产业链，以深圳为代表的产业集群覆盖研发、制造等环节，产值规模巨大。深圳2023年低空经济产值超900亿元，同比增长20%，消费级无人机占全球70%市场、工业级无人机占全球50%市场。这些数据表明，低空经济正促使航空航天、新材料、人工智能等尖端技术融合发展，提高制造业附加值。与此同时，低空经济催生智能交通新业态，如电动垂直起降航空器（eVTOL）的跨城跨湾示范飞行，为城市空中交通探索新场景。这种创新实践将传统航空工业与智慧交通、新能源产业紧密结合——例如中国自主研制的全电动载人飞艇完成试飞，可用于旅游、安保、救援等领域，展示了新能源技术在航空领域的应用前景。低空经济正在成为战略性新兴产业“新质生产力”的典型代表，助推产业链上下游加速升级。

（二）就业带动：创造多领域就业机会

低空经济具有产业链长、辐射面广的特点，在各环节创造了大量就业机会。从飞行器的设计和制造、无人机操控，到空域管理、维修维护和人员培训，各类岗位需求旺盛。技术进步在推动产业升级的同时催生了许多新职业，例如无人机操控员已成为炙手可热的新岗位。据测算，目前，我国无人机操控员的人才缺口高达100万人。各地纷纷建立培训基地满足需求，培养专业技术人才。例如，河北桃城通用航空飞行营地近年已培训轻型飞机、动力伞等飞行员320多名，以及无人机飞行员9000多名。低空经济的兴起为青年就业提供了广阔舞台，一批拥有航空、电子、信息背景的技术人才进入这一领域，缓解了传统行业劳动力转移带来的就业压力。总体而言，低空经济正通过直接就业和带动相关服务业，提升居民收入水平，为区域经济注入新的就业增长点。

（三）基础设施建设：完善低空网络与空域管理

低空经济的发展离不开基础设施的同步提升。各地正加速建设通用航空机场、起降点和低空航线网络，以支撑低空飞行业务。国家“十四五”规划明确提出，到2025年年末通用机场数量达到500个。目前，全国通用机场已有475个。除大型通航机场，众多临时起降点、直升机停机坪也在布局，以织密低空交通网络。例如，重庆计划“县县通、乡乡通”，到2025年新建通航起降点200个以上，实现县域低空连通；到2027年全市累计建成1500个以上起降点，实现乡镇低空全覆盖。为适应低空飞行需求，各地还开辟了一系列低空航线走廊和通航航线，连接城市组团和交通枢纽，打通区域空中交通脉络。

与此同时，低空空域管理和通信保障能力也在加强。中国正在建设“空天地一体”的低空空域管理系统，通过数字化手段保障飞行安全。例如，一些试点城市部署了5G+北斗低空监测网络，实现120米以下低空空域的信号覆盖和精确定位服务（深圳已建成约8万个5G基站，实现低空空域连续覆盖）。重庆等地探索低空飞行服务站和数字化管理平台，以提升低空放行调度效率。预计到2027年，随着以北斗导航为支撑的城市空中交通管理平台基本建成，低空飞行将在更多地区实现常态化、安全化运营。这些基础设施投入不仅夯实了低空经济发展的根基，也将反哺区域综合交通体系的完善。

（四）物流效率提升：构建高效空中物流体系

无人机正在城市高楼间配送快递，成为物流网络的新生力量。低空经济在物流领域的应用大大提升了区域物流效率。无人机物流配送突破了地面交通限制，可实现“最后一公里”甚至偏远地区的快速投递。例如，在福建漳州龙海区的无人机岛际投送中，一架无人机顺利将海鲜桶运送到玉枕渡口客货邮低空物流配送点，完成首次航行任务。据测算，以这种方式配送，全程用时3~5分钟，比原有的摩托车载运、上渡船、下渡船后再拉到接收点，整整缩短了20分钟。这种高效灵活的配送方式不受地形和天气影响，解决了偏远乡村、海岛等传统运输“送不到、送不快”的难题。自2024年6月我国开通首批无人机常态化配送航线以来，各地已累计完成超过1000次无人机投递，并计划将服务拓展至山区等更多场景。

无人机物流的兴起令中国区域物流体系实现跃升。据交通运输部数据，2024年全国通过无人机递送的快件约270万件，远超往年。低空物流市场规模也迅速扩大，从2020年的271.8亿元增长到2023年的581.8亿元。预计到2025年，无人机物流市场可达1200亿~1500亿元规模。在越来越多场景中，低空物流展现出独特优势：在城市中，可利用无人机缓解高峰期配送压力，为餐饮外卖、药品急送等提供新手段；在应急领域，无人机可第一时间运送医疗物资和救援物品，实现“空中120”。例如，北京八达岭长城景区已开通无人机物流专线，将游客所需紧急药品和用品在数分钟内空投送达；合肥则建立了市内血液运输空中走廊，无人机直接在血站和医院之间往返。通过构建低空物流网络，中国区域物流体系正变得更加立体高效，为城乡配送提速提质。

（五）旅游经济发展：拓展空中观光新业态

低空旅游成为文旅融合的新亮点。各地依托通用航空和直升机，开发“空中观光”产品，为旅游经济注入新动能。例如，浙江横店影视城利用横店通用机场推出“空中看横店”低空观光项目，游客可乘坐小型飞机从空中俯瞰影视基地风光。尽管并非旅游旺季，春节后横店机场迎来了首批体验低空观光的游客，实现了旅游产品的差异化供给。横店还创新打造了“航空+影视+旅游”模式，计划推出“一票制”空中游览产品，将航空体验与景区游览打包，延长游客停留时间，提高游客消费水平。

各地风景名胜也纷纷拓展低空旅游业务。在山地和海岛地区，直升机游览项目受到欢迎——如三亚、张家界等地的空中观光让游客以全新视角欣赏美景。通用航空短途运输亦服务于旅游出行，成为旅游交通的新方式。在一些交通不便的景区，短途通航航线的开通方便了游客快速抵达，带旺了地方旅游人气和相关产业。例如，浙江省的多座通用机场推出低空观光飞行、跳伞体验、热气球系留等项目，不断“解锁”低空经济助推旅游的新场景。低空飞行旅游的兴起，不仅丰富了旅游业态，还带动了通航运营、航空俱乐部、旅游服务等行业发展，形成综合经济效益。

（六）政策支持：政府举措与试点推动

政府层面的政策支持是低空经济快速发展的关键动力。近年来，中国从顶层设计到地方落实，都在为低空经济“松绑赋能”。2023年中央经济工作会议将低空经济列为战略性重点新兴产业之一；2025年《政府工作报告》提出开展新技术新产品新场景应用示范行动，明确推动商业航天和低空经济安全健康发展。为保障低空经济所需空域资源，民航法修订草案已提请审议，拟明确保障低空经济发展的合理空域需求。可以预见，国家层面的立法和规划将为低空经济长期稳定发展提供制度保障。

地方政府亦积极出台专项政策和试点工程，营造良好发展环境。深圳走在前列，2022年出台低空经济产业发展方案，2023年颁布了全国首部低空经济地方性法规《深圳经济特区低空经济产业促进条例》，并首次将“低空经济”写入市政府工作报告。深圳还出台若干措施，从企业引育、技术创新、场景应用、配套环境等方面提供支持。除深圳，广州于2024年施行《广州市低空经济发展条例》，通过统筹土地资金、全链条扶持来促进低空经济协同发展。各省市因地制宜推出试点项目：浙江嘉兴平湖打造低空经济应用先行区；海南发布通航和低空经济高质量发展若干措施（征求意见稿），提出财政补贴、税收优惠、人才培养18条举措；辽宁朝阳制定行动方案，规划构建“2+4+5+N”低空经济体系，计划到2027年建成3个通用机场和70个起降场地。此外，民航局正推进低空空域管理改革试点，划设低空飞行服务保障体系。例如，重庆设立6个低空经济先行试验区，探索跨省飞行联盟、数字化管理等创新机制；四川绵阳成立低空经济研究院并加入全国低空交通网络试点，把无人机和城市空中交通纳入统一的交通管理框架。这些政策和试点为市场主体吃下“定心丸”，引导各路资本和企业投入低空经济，在全国形成了多点开花、竞相发展的良好局面。

第三章

低空经济的技术与创新

020　低空经济的核心技术有哪些？

低空经济的核心技术涵盖多个领域，涉及飞行器的设计、飞行控制、数据处理、安全保障等方面。随着低空经济的发展，相关技术不断进步，特别是在无人驾驶飞行器（如无人机）、低空空域管理、智能控制系统等方面。以下是低空经济的核心技术。

（一）飞行器设计与制造技术

飞行器结构与材料技术：低空飞行器的结构需要轻便、耐用且具有良好的气动性能。航空材料技术的发展使得飞行器在保持高强度和耐久性的同时，能够做到轻量化，减少飞行能耗。例如，复合材料的使用可以有效减轻飞行器重量，提高飞行性能。

电池与动力系统技术：电池技术是低空飞行器（尤其是无人机）发展的关键之一，涉及能量密度、充电速度、使用寿命等方面。高效的电池和动力系统可以延长飞行器的续航能力，提升使用效率。与此同时，电动飞行器和混合动力飞行器的研究也在逐步推进。

（二）自动驾驶与飞行控制技术

自动驾驶系统（Autopilot）：自动驾驶是低空经济中无人飞行器（如无人机、空中出租车等）最关键的技术之一。飞行控制系统能够自动调节飞行器的飞行状态，控制飞行的路径、速度、高度等参数。通过GPS、IMU（惯性测量单元）、传感器等设备，飞行器能够在无人工干预的情况下安全飞行。

飞行控制算法：飞行控制系统的核心算法包括飞行路径规划、动态调整、避障算法等。随着AI技术的发展，飞行器能够在复杂环境中自动规避障碍，优化飞行路径，确保飞行安全与高效。

（三）导航与定位技术

全球定位系统（GPS）：低空飞行器通常依赖高精度GPS进行定位和导航，确保飞行路径的准确性。GPS系统结合惯性导航系统（INS）能有效提供飞行器的实时位置和航向。

差分GPS（DGPS）与RTK技术：为了提升导航精度，低空飞行器常采用差分GPS（DGPS）或实时动态（RTK）技术，以获得厘米级的定位精度，特别是在农田测绘、物流配送等领域中应用广泛。

（四）通信与数据传输技术

数据链通信系统：低空飞行器的控制与数据传输需要依赖高速、稳定的通信系统。传统的无线电通信技术正在逐步升级，采用更高效的数据链（如LTE、5G网络、卫星通信等）来实现远程控制与实时数据传输。

大数据与云计算：低空飞行器产生的大量数据需要通过云平台进行存储、分析与处理。大数据分析可以帮助优化飞行路径、预测故障、提高效率。云计算技术能够实现跨区域的控制和监控，便于集中管理低空飞行器。

（五）空域管理与控制技术

低空空域管理系统：随着低空经济的快速发展，低空空域的管理变得尤为重要。低空飞行器，尤其是无人机，常常面临空域拥堵、飞行安全等问题。空域管理技术利用人工智能、大数据等手段，实时监控低空空域，优化飞行路径，确保飞行器的安全与效率。

空中交通管理（ATM）系统：为避免低空飞行器的冲突和安全隐患，空中交通管理系统需要对飞行器的航迹进行实时监控和调度。基于AI和自动化技术的空中交通管理系统，能够根据实时数据调整飞行器的飞行路线，并及时提供指令和警报。

（六）避障与感知技术

视觉与雷达传感技术：低空飞行器需要具备高效的感知系统，确保飞行过程的安全。常见的感知技术包括光学摄像头、红外传感器、激光雷达（LiDAR）、雷达等。这些传感器可以帮助飞行器监测周围环境、识别障碍物、判断飞行路径。

实时避障系统：实时避障系统通过多种传感器的组合，使飞行器能够实时监测周围环境，识别潜在的障碍物，并进行自动规避。这项技术对于无人机、城市空中出行等低空经济应用至关重要。

（七）人工智能与机器学习技术

飞行路径规划与优化：人工智能技术在飞行路径规划中得到了广泛应用。AI算法可以基于实时数据、飞行环境、目标需求等因素，动态地规划最优的飞行路径，提高飞行效率，减少能源消耗。

故障预测与自诊断：机器学习技术可以对飞行器的运行数据进行分析，预测潜在的故障或异常，提前进行维护和修复，从而提高飞行器的可靠性和安全性。

（八）能源与续航技术

高效电池与充电技术：为满足低空飞行器长时间飞行的需求，要实现电池技术的突破。研究方向包括提升电池能量密度、缩短充电时间、延长使用寿命等。此外，还包括氢燃料电池等替代能源技术的研究，这将有助于提高飞行器的续航能力。

无线充电与自动充电技术：随着低空飞行器应用的普及，自动充电技术和无线充电技术的应用逐步兴起。尤其是在无人机配送等商业化应用中，充电站和自动充电系统能够提高工作效率和飞行器的使用时间。

（九）安全与保障技术

飞行器安全控制系统：安全控制系统通过实时监控飞行器的状态（如电池电量、飞行速度、飞行高度等）来确保飞行过程的安全。在发生故障或异常时，飞行器能够自动返回、降落或触发应急预案。

反干扰与防黑客技术：随着低空经济的发展，飞行器面临的安全威胁越来越多。反干扰技术、加密通信技术和防黑客技术是保障低空飞行器安全运行的重要技术手段。通过加密数据传输、抗干扰设计等，确保飞行器不受外部威胁的影响。

021 无人机技术在低空经济中的应用有哪些？

无人机技术是低空经济的重要组成部分，其应用涵盖物流、农业、城市管理、应急救援等多个领域。以下是无人机技术在低空经济中的主要应用场景。

物流配送：无人机在物流领域的应用已成为低空经济的标志性场景之一。通过无人机配送，可以有效解决偏远地区的物流难题，同时提高城市“最后一公里”配送的效率。例如，顺丰在中国西南山区部署了无人机物流系统，将配送时间从原来的6小时缩短至30分钟。

农业植保：无人机在农业中的应用集中于病虫害防治、

播种施肥等环节。通过搭载高光谱相机和智能喷洒设备，无人机能够实现精准农业管理，大幅提升作业效率。例如，大疆农业无人机的喷洒效率是传统人工方式的30倍。

城市管理：无人机在城市管理中被广泛应用于环境监测、交通疏导和安防巡逻。例如，深圳市利用无人机监控建筑施工现场的扬尘排放，有效减少了城市污染。

应急救援：无人机在自然灾害、火灾和医疗救援中的作用日益显著。例如，在2020年的一场森林火灾中，无人机通过热成像设备协助消防员确定火源位置，并精准投放灭火剂。

低空旅游与娱乐：无人机还被用于拍摄低空旅游宣传片和提供个性化航拍服务。例如，新疆天池景区利用无人机为游客提供低空拍摄体验，吸引了大量游客。

公共卫生与医疗：在疫情防控中，无人机用于配送医疗物资、消毒喷洒和公众宣传。例如，在2020年新冠疫情期间，无人机在中国多个城市执行防疫任务，有效减少了人群接触。

能源与基础设施巡检：无人机在能源行业的应用包括电力巡检、风力发电机组检测和石油管道监控。例如，中国国家电网已部署无人机队伍进行高压电线路巡检，提升了巡检效率和安全性。

综上所述，无人机技术的多元化应用展现了低空经济的广阔前景。随着技术的进一步发展，无人机将在更多行业发挥更大的作用，推动低空经济的全面升级。

022 低空飞行技术如何与传统航空技术融合？

低空飞行技术与传统航空技术在许多方面有共通之处，但在运行模式、技术需求和应用场景上也有显著差异。二者的融合发展，既能推动低空经济的技术创新，也能为传统航空业注入新活力。

导航与空域管理技术融合：低空经济中的无人机和eVTOL依赖高精度导航系统，例如北斗、GPS等传统航空业使用的导航技术。然而，低空飞行器对实时动态调整的需求更高。例如，数字化空域管理平台通过结合传统航空空域划分方法和低空飞行动态监控，实现了二者的无缝协作。

飞行器设计理念融合：传统航空技术强调飞行器的高强度和长续航性能，而低空飞行技术更关注轻量化和短途运行的效率。例如，现代eVTOL借鉴了传统直升机的垂直起降技术，同时引入无人机的多旋翼设计，提升了灵活性和运行成本效益。

通信与控制系统融合：传统航空技术中，地空通信通常采用VHF频段，而低空飞行技术广泛应用5G通信和物联网技术。这些新兴通信技术正逐步应用于传统航空领域，用于提高数据传输效率和飞行管理能力。例如，结合5G通信的自动驾驶技术正在传统飞机的辅助导航系统中试点应用。

安全技术的交互应用：传统航空业在飞行安全技术上积累了丰富经验，如黑匣子记录、雷达监控和避障系统。低空飞行技术借鉴了这些安全措施，同时增加了环境感知和即时数据分析能力。例如，先进无人机采用的实时避障系统融合了传统雷达和AI视觉技术，实现了更智能的风险规避。

运营模式与法规协同：低空经济的商业模式灵活多样，例如无人机物流和低空旅游；传统航空业则以客货运为主。通过协同运营，低空技术可以弥补传统航空运输的短板，例如在“最后一公里”配送中发挥作用。与此同时，监管机构需制定协调政策，确保低空经济和传统航空的空域互不干扰。

绿色能源技术的推广：传统航空业正逐步引入绿色能

源技术以减少碳排放。例如，低空经济中的电动飞行器技术可以直接应用于传统航空短途航班中，进一步推动航空业的低碳化。

通过以上多个层面的融合，低空飞行技术与传统航空技术正在形成互补关系。这种融合不仅能促进低空经济的全面发展，也为传统航空行业提供了新思路，特别是在绿色能源应用和智能化空域管理方面。

023 遥感技术在低空经济中的应用有哪些?

遥感技术在低空经济中的应用逐步成为提升生产效率、保障安全和促进决策的重要工具。低空飞行器搭载的各种传感器，能够获取环境数据并实时传输，帮助各行各业实现精准操作和数据驱动的决策。以下是遥感技术在低空经济中的应用。

农业监控与精准施肥：遥感技术在农业中的应用主要体现在作物健康监测和精准施肥两个方面。通过遥感设备，尤其是高光谱和红外成像仪，无人机能够实时获取农田的数据，分析作物的生长状况，及时发现病虫害或水分不足等问题。基于这些数据，飞行器可以自动调度农业喷洒系统，对特定区域进行精准施肥或喷药。例如，大疆农业无人机使用的遥感技术能够对每一片农田进行精准监控，节省了大量人工成本，并有效提高了农业生产效率。

环境监测与灾害预警：遥感技术对于环境监测和灾害预警有着不可替代的作用。在森林火灾监测中，无人机搭载热成像传感器，可以快速识别火源的位置，并实时传回数据，为地面消防队提供决策支持。此外，在洪水、台风、地震等自然灾害发生时，低空飞行器的遥感能力使得救援工作能够在最短时间内展开，提高救援效率。例如，2020年在中国南方洪水期间，无人机利用遥感技术及时提供了灾区的实时图像，帮助政府和救援机构快速制定行动方案。

城市规划与基础设施检查：在城市规划和基础设施建设中，遥感技术可以用于土地利用分析、城市发展趋势预测和道路建设监测。低空飞行器通过遥感技术收集城市区域的高清影像，可以帮助城市管理者实时了解城市发展情况，优化资源配置。特别是在基础设施检查方面，无人机能够高效地对桥梁、电力线路、管道等设施进行定期检查，及时发现结构性问题，减少人工检查的风险和成本。

水资源管理与监控：遥感技术也在水资源管理中扮演

了重要角色。安装在无人机上的遥感设备，能够监测水域的水质、流速以及水体面积的变化。例如，在水库管理中，低空飞行器可以定期拍摄水域的实时图像，帮助水库管理部门评估水位变化，优化水资源分配。遥感技术的应用不仅提高了监控效率，也为水资源的科学管理提供了数据支持。

环境污染监控与排放分析：低空飞行器搭载遥感设备可以用于空气质量监测和污染源排放的识别。通过检测和分析特定波段的光谱数据，无人机能够监测大气中污染物的浓度，如二氧化碳、氮氧化物、颗粒物等，进而帮助环保部门精准定位污染源。当前，一些城市已经开始使用无人机进行大气污染源的监控，并为环保决策提供实时数据支持。

能源行业应用：遥感技术在能源行业中的应用也日益增多，特别是在太阳能和风能产业中。无人机搭载的红外热成像技术，可以对太阳能电池板、风力发电机组等设备进行热性能评估，识别可能的故障点和高温区域，从而及时进行维修或更换。此外，遥感技术也有助于大规模光伏发电场和风力发电场的建设规划，通过高空遥感获取大规模土地的环境数据，为项目决策提供依据。

军事和边境监控：遥感技术在低空经济中同样有广泛的军事应用。无人机搭载的高分辨率摄像头和热成像仪可用于执行边境巡逻、区域监视等任务。通过遥感技术，无人机能够获取敌方动向、活动范围等信息，并实时传回指挥中心，为军事行动提供关键数据支持。

024　低空经济中的飞行安全保障技术有哪些？

飞行安全是低空经济发展的首要考虑因素之一。随着低空飞行器数量的增多和应用场景的多样化，飞行安全问题变得尤为重要。为了确保飞行器在复杂环境下能够稳定安全运行，低空经济正在不断推进飞行安全技术的创新和突破。以下是一些关键的飞行安全技术突破。

自动避障技术：自动避障技术是保障低空飞行器安全的核心技术之一。低空飞行器通过激光雷达、超声波传感器、视觉系统等设备实时扫描周围环境，识别障碍物并自动调整飞行路径。近年来，随着AI和深度学习算法的发展，飞行器的避障能力得到了极大提升。无人机在复杂环境下（如城市高楼之间）能够自动避开障碍，避免碰撞和事故。

例如，沃尔沃等公司正在研发自动驾驶电动飞行器，配备高度智能化的避障系统，确保安全飞行。

空域管理与飞行协调系统：随着低空经济的快速发展，空域资源的共享和协调成为飞行安全管理的重要课题。空域管理技术可以帮助飞行器实时避开其他飞行器，避免发生空中冲突。现代空域管理系统依赖5G、AI和物联网技术，通过数据传输和共享平台，将飞行器、空域信息和交通管理系统整合在一起。例如，中国的低空空域管理平台，能够实时调度和监控所有飞行器的飞行路径，有效避免空域冲突。

实时飞行数据监控与追踪：实时飞行数据监控和追踪是确保飞行器安全的重要技术手段。低空飞行器可以通过卫星定位系统、地面控制站和飞行日志监控设备，将飞行状态、飞行高度和速度等数据实时传输到指挥中心。通过这些数据，运营方可以即时获取飞行器的动态信息，提前识别潜在的风险并进行干预。例如，美国的无人机交通管理系统（UTM）能够实时追踪飞行器的位置，并根据实时数据调整飞行路径。

自适应飞行控制系统：自适应飞行控制系统能够根据飞行器所处的环境条件自动调整飞行参数，确保飞行器的稳定性和安全性。例如，在遭遇强风、恶劣天气或空域拥挤等环境下，自适应飞行控制系统可以智能调节飞行器的飞行速度、升力和航向，确保飞行器安全、稳定运行。

失效容忍和故障自动修复技术：飞行器需要具备高可靠性和容错能力，以应对可能的技术故障。失效容忍技术通过冗余设计确保飞行器在单一系统出现故障时仍能继续运行。例如，某些无人机配备了双重飞行控制系统，当主控制系统出现故障时，备份系统能够自动接管飞行任务，确保飞行器安全返航。部分飞行器还配备自动修复功能，当检测到小范围的系统故障时，飞行器可以通过自我修复机制解决问题。

飞行安全预警系统：飞行安全预警系统依靠数据分析和预测技术，在飞行器遇到危险或面临空域冲突时提供提前警告。例如，AI飞行助手可以根据实时数据和历史飞行记录，预测飞行器面临的安全风险，并通过声音或视觉信号提醒飞行员或控制中心采取相应措施。

这些飞行安全技术的突破，使低空经济的飞行器安全性得到了极大提升。这些技术不仅有效减少了飞行器与地面障碍物或其他飞行器之间的碰撞风险，还为低空经济的快速发展提供了技术保障。

025　自动驾驶技术如何支持低空经济的发展？

技术创新与突破：自动驾驶技术的发展推动了低空经济中关键技术的突破，如智能交通管理、智慧物流、智慧建造和低空飞行等。这些技术的进步为低空经济提供了技术基础，使得无人机等低空飞行器能够更安全、高效地运行。

精准定位与导航：自动驾驶技术实现了厘米级精准定位，这对于低空飞行器的飞行安全至关重要。精准定位技术可以帮助无人机在复杂的低空环境中准确导航，避免碰撞，提高飞行的安全性。

实时监控与自动决策：自动驾驶技术通过自动化系统最小化人为失误、实现实时监控与自动决策，建立完善的指挥控制系统，确保足够的空域容量和运营安全。这对于低空经济中的无人机运输、巡检等应用场景尤为重要。

无人化、智能化发展：自动驾驶技术推动了低空经济朝无人化、智能化、协同化、绿色化方向发展。无人机等低空飞行器产品将加速迭代，低空智联网、低空安防设备持续创新，支撑我国低空经济发展的物质载体将更加丰富。

提高效率与降低成本：自动驾驶技术的应用提高了低空飞行器的运行效率，降低了人力成本，特别是在物流配送、农业监测、基础设施巡检等领域。

安全风险管理：利用人工智能与大数据技术，自动驾驶技术能够更好地实现实时监测与应急响应，大幅度降低安全风险。

新应用场景的拓展：自动驾驶技术不断拓展低空领域的应用场景，如快递无人机在部分城市的试点，通过快速的物品配送为居民提供了良好的服务。

促进产业升级：自动驾驶技术的发展促进了低空经济的产业升级，构筑全链条发展支撑，包括新型航空器研制、适航及检测检验服务能力建设。

政策支持与市场潜力：自动驾驶技术的发展得到了政策的支持，低空经济被定义为新增长引擎，市场规模庞大，发展潜力巨大。

026 5G技术如何推动低空经济的发展?

5G技术对低空经济的发展有着巨大的推动作用，主要体现在以下几个方面。

提高连接性和网络速度：5G技术提供了更高的数据传输速度和更低的延迟，使得低空经济中的无人机、空中出租车等飞行器能够实时与地面系统进行数据传输和通信。这对于低空经济中的安全、导航、监控以及动态调整等都是至关重要的。

实现大规模物联网（IoT）连接：5G网络的强大连接能力可以支持数十亿设备同时连接。对于低空经济中的无人机集群、大规模空中交通系统等，需要大量设备保持高效稳定的网络连接，5G正好满足了这种需求。例如，无人机在执行货运、监控、农业监测等任务时，可以通过5G网络传输实时高清图像和传感器数据。

低延迟的实时控制：低空经济中的无人驾驶飞机、空中出租车等需要极低的通信延迟来确保安全飞行。5G的低延迟特性可以确保飞行器能够及时接收来自地面控制中心或其他飞行器的信息，避免碰撞，优化飞行路径，提高整体飞行安全性。

增强边缘计算能力：5G技术与边缘计算的结合，使得数据处理能够更靠近设备本身。这对于低空经济中的实时决策和数据处理尤为重要。例如，无人机在飞行过程中需要快速处理环境信息来做出判断，边缘计算可以帮助降低延迟，提高决策效率和准确性。

促进智能交通系统的发展：5G为智能交通系统提供了必要的基础设施，尤其是空中交通管理系统。通过高效的通信和数据交换，5G可以帮助管理多架次无人机、空中出租车等的飞行，避免交通拥堵、提高飞行调度的效率，并优化飞行路径规划。

支持多种应用场景：5G的高速网络为低空经济带来了更多创新应用的可能，例如无人机送货、智慧农业、空中监控、环境保护等。这些应用在传统的4G网络中可能受限于带宽和延迟，而5G的高速和低延迟性能将极大扩展其应用范围。

总的来说，5G技术不仅能够提高低空经济的运营效率，还能在安全性、实时性和数据处理能力上提供强有力的支持，推动这一新兴行业的快速发展。

027 低空经济如何与人工智能技术结合？

低空经济与人工智能（AI）技术的结合，正在为多个行业带来创新的解决方案。低空经济的核心无人机（无人机）和低空飞行器得以广泛应用，而人工智能则通过数据处理、分析、决策支持等能力，赋能低空经济，提升其自动化水平。以下是低空经济与人工智能技术结合的几种主要方式及应用。

无人机自主飞行与路径规划：无人机在执行任务时，通常需要面对复杂的环境、突发的障碍物、动态变化的任务要求等问题。通过结合人工智能，尤其是深度学习和强化学习技术，无人机能实现更高智能的分析。

智能数据采集与分析：无人机搭载的各种传感器（如摄像头、红外传感器、激光雷达等）会产生大量的数据。这些数据通常需要通过人工智能进行处理和分析。AI技术，特别是计算机视觉和图像识别技术，可以帮助无人机对图像和视频进行实时处理，提取有用信息，并做出决策。

目标识别与自动检测：人工智能可以赋能无人机进行

实时的目标识别与自动检测。利用深度学习算法，特别是深度神经网络（CNN），无人机可以识别特定的目标，如建筑物、车辆、人员或其他物体。通过高精度的图像识别和数据处理，无人机能够在不同环境条件下，快速、准确地识别目标，并进行自动追踪和定位。这种能力在多个领域得到广泛应用，如农业监测、灾害救援、公共安全以及交通管理等。

实时智能决策支持：无人机在执行任务时，通常会受到环境条件（如天气变化、飞行区域的堵塞情况等）的影响。人工智能可以在飞行过程中实时分析环境数据，并根据预设的目标和条件做出智能决策，优化任务执行。

预测与预警系统：结合人工智能的预测算法，无人机可以监控环境变化并进行预警。例如，通过分析遥感数据、气象数据、历史数据等，AI可以提前预测灾害、火灾、洪水等突发事件的发生，并通过无人机实时传输数据，及时提供预警信息。

智能视觉与深度学习：无人机搭载高分辨率摄像头和人工智能中的计算机视觉技术，可以对图像进行深度学习分析，实现更高层次的智能识别和分析。例如，通过分析大规模图像数据，AI可以帮助无人机进行土地利用、农业监测、城市规划等任务。

自主避险与安全飞行：在无人机飞行中，避障是非常重要的任务，特别是在城市环境或复杂局势下。结合AI技术，特别是浮动计算机与融合传感器技术，能够帮助无人机在飞行过程中自动识别故障物，并实时调整。

人工智能与大数据分析结合：低空经济的应用不仅限于无人机本身，还包括大数据的采集、存储和分析。通过与人工智能结合，无人机可以将采集到的大量数据上传至云端并处理。

智能航拍与定制化服务：利用AI技术，无人机可以根据任务的需求自动进行航拍与数据采集。人工智能可以根据不同的任务要求（如农业监测、地图弱化、设施检查等）自动选择合适的飞行高度、角度、时间和航线，甚至根据数据需求动态调整航班模式。

智能任务调度与优化：在低空经济的应用中，多台无人机可以同时执行不同的任务。结合人工智能的任务调度系统，可以优化无人机的任务分配、飞行路径、资源使用等，从而达到效率最大化。

低空经济与人工智能技术相结合，正在极大推动无人机行业的创新发展。通过AI技术，无人机不仅可以完成简单的飞行任务，还能够进行更加复杂的数据采集、分析、决策和优化，提升任务执行的效率和准确性。这种融合不仅能够应对当前低空经济中的挑战，还能够为各行业带来更高效、更智能的解决方案，推动社会的数字化、智能化进程。

028 低空经济中的数据传输技术如何保障飞行安全?

低空经济的发展需要现代数据传输技术的支持，尤其是在保障飞行安全方面。低空经济的飞行器，如无人机(UAV)、空中出租车、小型飞机等，通常需要复杂、动态的空域中的飞行，因此依赖先进的技术来保证其飞行过程的安全性。数据传输技术不仅能够提供准确的飞行监控，还能够实现实时的飞行监控。

低空经济中的数据传输技术，通过提供实时的飞行监控、故障检测与应急响应、自动避障等功能，有效保障了飞行器的安全性。随着技术的进步，数据传输的安全性、中断和低延迟特性将进一步增强，推动低空经济更加稳定、可持续发展。然而，仍然需要解决网络全覆盖、互操作性以及数据安全等问题。

029 低空经济中的飞行器控制技术有哪些发展趋势？

低空经济正在快速发展，其中包括无人机、空中出租车、小型飞机等飞行器的应用。这些飞行器的安全性、效率和可靠性极大地依赖先进的飞行器控制技术。

低空经济中的飞行器控制技术正朝着更加标准化、高效、安全的方向发展。从自主飞行与路径规划到多机良好飞行、从能力控制算法到人机良好控制系统，各种技术的发展都在推动低空经济的飞行器更安全、更高效、更智能地运行。然而，随着飞行器数量的增加和飞行环境的复杂化，飞行器控制技术仍面临挑战。

030 低空经济中的数据分析技术有哪些应用？

城市管理与安全监控：无人机在应急救援、城市安防、电力巡检、国土测绘等多个场景中的应用，提升了城市管理的效率和安全性。

农业作业：数据分析技术在农业领域的应用显著提高了农业生产效率。无人机技术在植保、监测、病虫害防治等方面通过数据分析显著提高了作业效率，降低了成本，并在实现精准农业方面发挥了重要作用。

物流配送：在物流配送领域，数据分析技术帮助优化配送路径、提高物流效率，并为企业提供实时的货物状态跟踪服务。无人机配送在偏远地区、海岛等特殊环境中展现了独特的价值，解决了特殊地理环境下的配送难题。

应急救援：数据分析技术在应急救援中的应用，如灾害预警、搜救行动和灾后评估等，提高了救援效率和安全性。无人机上搭载的摄像头和其他传感器能够采集大量的图像、视频和环境数据，对于应急救援具有重要意义。

基础设施监测：数据分析技术应用于基础设施检查，如通过无人机拍摄的图像识别地面物体、分析农作物状况、检查基础设施状况等，AI可以根据环境、风速、地形等因素动态调整飞行器的飞行模式。

空域管理和航路规划：大数据技术可以帮助管理和优化低空空域中的交通流量，分析无人机的飞行路径，优化飞行任务调度和资源分配。通过AI和机器学习算法，可以实现无人机的自主飞行、智能避障、路径优化以及任务执行。

数据资产开发：低空经济的发展极大地扩展了物联网的范围、增加了接入设备的数量和采集数据的类型，为企业、政府和社会带来巨大的商业和运营效益，形成极具价值的数据资产。

飞行数据和设备状态分析：运营无人机和其他低空飞行器将生成大量的飞行数据和设备状态数据。这些数据包括飞行高度、飞行速度、位置信息（如GPS坐标）、飞行日志，以及无人机本身的电池状态和机械健康情况。通过分析这些数据，可以优化飞行器的使用效率，并为预防性维护提供依据。

数据分析技术在低空经济中的多样化应用，不仅提高了作业效率和安全性，还推动了传统行业的转型升级。随着技术的不断进步，数据分析技术在低空经济中的应用将更加广泛和深入。

031 低空经济的虚拟现实技术如何应用于飞行训练?

驾驶舱布局学习与熟悉：VR技术可以模拟真实的驾驶舱环境，使飞行学员能够在沉浸式环境下学习驾驶舱布局，熟记各个面板上的仪表和控制设备的位置和功能。这种训练方式可以替代传统的挂图或程序练习器（IPT），提供更高的技能迁移效率。

高等级训练设备的辅助训练工具：由于全动飞行模拟器成本昂贵，VR技术可以作为辅助工具，在进入高等级训练设备之前，让学员在VR环境中熟悉操作程序。这样可以提高训练效率，减少在高等级训练设备上的训练时间。

飞行模拟训练系统：VR技术可以创建逼真的飞行环境，使飞行员在完全控制的模拟条件下练习，安全模拟各种飞行情境。这种训练系统包括混合现实视景管理模块、座舱数据模块、系统仿真模块、教员控制台模块以及网络通信模块，全面提升飞行员的操作流程、技术熟练度、战术理解和应对紧急状况的能力。

程序性认知技能训练：通过VR技术，可以在高等级训练设备和书本、CBT之间加入一级VR训练装置，进行程序性认知技能训练。这种方法已经在美国空军飞行员培训的PTN计划中得到应用，证明了其能大大提高整体的训练效率。

虚拟与混合现实训练：VR和混合现实（MR）技术可以用于飞行员训练，使学员能够在模拟的飞行环境中进行训练，提前熟悉飞行操作和应对各种突发情况，提高飞行技能。在实际飞行中，AR技术可以将导航信息、地形地貌、空中交通状况等信息以虚拟图像的形式叠加在飞行员的视野中，提高飞行的安全性和效率。

数字孪生技术：通过数字孪生技术，可以快速映射当地城市楼宇、街道、地貌、水文、气象等全要素感知的数字3D环境，用于飞行训练中的空域编辑、航线编辑、空中地面交通数据可视化等，从而提升实际通航的安全性。

虚拟现实技术在低空经济的飞行训练中发挥着越来越重要的作用，它不仅能够提供沉浸式的学习环境，还能够提高训练效率和安全性，是未来飞行训练的重要发展方向。

第四章

低空经济的市场应用

032　低空物流应用现状与前景如何？

（一）技术发展

中国的低空物流（主要指无人机物流配送）技术近年来快速发展，形成了多样化的无人机产品体系。一些领先企业都推出了各自的物流无人机型号，包括多旋翼、小型固定翼以及倾转旋翼等构型。例如，美团于2023年发布了第四代多旋翼配送无人机，最大载重约2.5公斤，满载航程10公里。京东则研发了“京蜓”倾转旋翼无人机，最大起飞重量达500公斤，覆盖半径450公里范围内的物资配送。顺丰旗下丰翼科技在2023年发布了“方舟150”多旋翼无人机，最大起飞重量150公斤，满载航程约20公里。大疆也切入物流无人机领域，推出了30公斤级的多旋翼物流无人机DJI FlyCart 30，满载航程16公里。这些机型的推出表明，中国企业正在针对不同物流场景（从几公斤的小件即时配送到数百公斤的干线运输）开发相应的无人机技术。

低空物流无人机的性能和智能化水平不断提升。以京东物流最新发布的JDX-20“京鹊”无人机为例：该机空机重量不足15公斤，最大载重10公斤，货舱容积超过20升，飞行速度可达98公里/小时，最大航程24公里。它采用流线型全封闭机身设计，配备高精度毫米波雷达实现全向环境感知和自动避障，能够在-20~50℃温度范围内以及中雨、中雪、6级大风和夜晚等复杂条件下正常飞行。此外，它支持固定起降场站、自动装卸货箱和索降投递等多种装载/投递方式，以适应城市高楼林立或无处降落的配送场景。这些技术改进显著提高了无人机配送的安全性和适应性，使其逐步满足城市即时配送对安全和时效的要求。

在续航和载重能力方面，关键技术正取得突破。电池技术的进步尤为重要——例如石墨烯电池在物流无人机上的应用，使能量密度提升50%以上，有望显著延长无人机续航。亿航智能等企业成功完成了搭载固态电池的载人eVTOL试飞，动力电池龙头宁德时代也战略投资峰飞航空，共同提升航空电池性能。这预示着更高效的新能源动力将应用于无人机，提高续航里程并降低运行成本。与此同时，中大型货运无人机开始走向商业化应用：2024年3月，中通快递与峰飞航空签订采购30架大型货运eVTOL（V2000CG型）的协议，准备将2吨级无人货机投入物流网络。在2024年2月，峰飞自主研制的2吨级货运eVTOL已完成跨城跨海飞行演示，并获得型号合格证和生产许可证，这标志着更大型低空物流飞行器在技术和适航上取得了重要突破。总体而言，中国低空物流的技术生态涵盖了从微型无人机到大型货运无人机的各个层级，并在飞控、动力、电池、材料等方面持续创新，为低空物流的大规模应用奠定了技术基础。

（二）商业案例

目前，中国低空物流的商业应用已经从试验走向初步落地，电商、快递和本地生活等领域的龙头企业纷纷参与实践，积累了宝贵经验和数据。以下是国内几家具有代表性的企业在低空物流方面的探索。

京东物流：作为电商领域的先行者，京东很早就开始布局无人机物流配送。京东研发了多款物流无人机，包括面向农村偏远地区末端配送的JDX-50“京燕”（载重约15公斤）以及面向城市即时配送的JDX-20“京鹊”（载重约7~10公斤）系列。其中，JDX-50无人机已实现量产，主要用于农村、山区等道路不便地区的快递投送；最新推出的JDX-20则机身更轻巧，专为城市高频、小件配送设计。京东已经在江苏南京、上海、陕西西安、广东广州、江苏宿迁等多地开展无人机配送试点，完成了实单投递验证。在一些实际场景中，京东无人机展现出提速增效的优势。例如，2024年4月京东在山东滨州的无人机试飞中，JDX-50无人机成功飞越黄河两岸完成15公里运输任务，用时18分钟，比传统陆运路线节省约55%的配送时间。这证明了无人机在跨河流、山区等场景下相对地面运输的效率有所提升。此外，京东还将无人机应用拓展到应急物流领域。2023年，京东在武汉协和医院建立了无人机血液运输专线，用无人机紧急送血，成本约为动用传统交通工具的1/20。作为物流行业巨头，京东的无人机项目积累了数万公里的飞行数据，验证了“一机多用、一控多机”等技术，为无人机融入大型物流网络（与干线运输衔接等）探索了可行模式。

顺丰速运：顺丰是国内快递行业率先投入无人机物流的公司。早在2017年，顺丰便在江西赣州启动无人机配送测试，并于2018年3月获得中国民航部门颁发的全国首个无人机物流运营许可，标志着中国无人机商业配送进入试运营阶段。有了牌照后，顺丰在赣州南康等试点地区开展常态化无人机配送服务，将农产品、快件送往偏远乡村。顺丰成立了专业子公司丰翼科技负责无人机研发运营，不断升级机型以拓展业务边界。2023年6月，丰翼科技发布了“方舟150”大型物流无人机，这是一款多旋翼无人机，最大起飞重量达150公斤，满载航程约20公里。相比小型无人机，方舟150能够运输更大批量的货物，适用于配送站点之间的区域运输乃至支线物流。顺丰计划将其用于山区、海岛等常规运输不便的地区，提高物流网络的覆盖广度。顺丰还探索利用无人机进行定点投送和紧急配送，如抗疫期间曾试用无人机运送医疗物资。凭借在快递网络和管理上的优势，顺丰正尝试将无人机作为对地面车辆的有益补充，构建“三段式”的立体运输网络，为客户提供36小时全国送达等更高效的物流服务。

（三）市场前景

在政策、技术和需求的多重驱动下，低空物流在中国展现出广阔的市场前景和增长潜力。业内专家普遍认为，低空物流将是低空经济各应用场景中最先实现大规模商业化的领域之一。无人机配送以高效率和智能化的优势，不断加速在物流行业的渗透，正逐步改变传统物流格局。事实上，近年来国内低空物流航线数量迅猛增加。据统计，仅2024年我国就新开通140多条低空物流航线，各大城市争相试点无人机配送业务。其中约90%的航线属于城市内的末端配送航线（如配送站点到小区楼顶、商圈到写字楼），用于快递最后一公里投送以及零售、生鲜、医疗用品等即时配送服务。北京、上海、深圳、成都等多个城市已开通了20余条无人机快递或外卖航线，为消费者提供更加便捷的服务体验。随着一线城市验证成熟，这一模式开始向更多地区蔓延：上海于2023—2024年在中心城区开设了多条无人机配送线路，服务商业区和公园场景；一些中小城市（如安徽芜湖、湖南株洲、江苏南通等）也在2024年陆续引入无人机配送项目，探索适合本地的低空物流运营模式。从城市到乡村，中国的低空物流应用正在加速飞向更广阔的空间。

市场规模方面，各机构预测低空物流有望形成万亿级的新兴市场。中国物流与采购联合会的测算显示，到2035年，我国无人机物流产值有望超过1万亿元，未来十多年将保持年均20%左右的高速增长。这意味着无人机将承担起相当比例的物流运输任务，成为物流行业新的增长引擎。中央政府在2024年已将低空经济定位为“新的增长动能”，并提出到2027年大幅拓展无人机在物流领域的应用规模。据此，各路资本正积极投入低空物流赛道，相关产业链公司融资和合作案例增多，行业投资热度高企。例如，多家快递和电商企业加大了无人机方面的投入与订单，传统制造企业和通信巨头也布局低空物流基础设施（如低空通信网络、导航定位系统等）建设，为行业发展提供支持。可以预见，未来几年将有更多低空物流示范运营项目落地，商业模式也将逐渐清晰，推动整个市场进入扩张期。

低空物流被寄望在降低物流成本、提升配送效率方面发挥重要作用。无人机配送不受地面交通限制，能够更快速地完成偏远山区、岛屿、高楼林立城区内的运输任务，有望成为物流体系中“降本增效”的关键一环。据测算，引入无人机执行末端配送可使每票快件的人工和时间成本显著下降，在偏远地区尤为明显。从全社会来看，低空物流模式的推广将成为降低物流总成本、促进物流业高质量发展的重要动力。同时，无人机物流的商业化还将带动上下游产业发展，如无人机制造、智能空管系统、新能源电池、新材料等领域都有望形成新的产业集群。政府也在积极引导“低空要素”与各行业融合，鼓励开发多样化的低空物流服务产品，以释放市场需求并培育新的消费增长点。可以预见，在政策和市场的双重拉动下，低空物流将成为中国物流行业未来的重要增长极。

当然，低空物流的大规模普及也面临一些挑战和不确定性。当前，我国低空物流仍处于起步阶段，不论是无人机制造技术、空域管理能力还是运营服务模式，都有待进一步成熟。例如，电池续航限制、高精度感知避障、无人机可靠性等技术瓶颈尚需攻克，空中交通管理和地面配套设施建设也需跟上产业发展的步伐。监管层面，要进一步完善无人机适航审定、飞行标准和运营监管体系，保障低空物流的飞行安全和数据安全。商业模式方面，企业需探索更经济可行的运营方案，解决成本收益问题，提升用户认可度。业内人士形象地将培育低空物流产业比作一场“长跑”，需要资本、政府和产业界保持耐心，给予时间来完善技术、产业链和服务体系。可以预见，在克服这些挑战的过程中，中国低空物流产业将逐步走向成熟。随着技术进步和经验积累，低空物流有望在未来真正融入人们的日常生活，从偏远乡村的包裹投递到城市上空的即时配送，构建了一个立体高效的物流网络，为中国经济注入了新的活力。

033 低空旅游市场前景如何？

低空旅游是低空经济中的高附加值应用之一，提供独特的空中视角和个性化体验，正在成为高端旅游市场的重要增长点。

市场需求增长：随着人们对旅游体验的要求逐步提升，低空旅游为游客提供了传统地面旅游无法比拟的独特视角。例如，通过无人机或直升机，游客可以鸟瞰壮丽的自然景观，如大峡谷、海岸线和山脉。这种新体验吸引了越来越多的高端游客。

技术驱动的体验升级：低空旅游得益于飞行器技术的进步。电动飞行器和无人机的引入使低空旅游更加环保、低噪声，同时降低了运营成本。

旅游产品多样化：低空旅游产品正朝多样化方向发展，包括低空观光、航拍体验、空中婚礼等。

区域经济带动效应：低空旅游对区域经济的带动效应显著。例如，在一些偏远或自然保护区，低空旅游为当地带来了客流和收入，同时促进了配套产业的发展，如住宿、餐饮和交通。

未来发展趋势：随着政策支持和技术进步，低空旅游市场预计将迎来爆发式增长。例如，中国正在加快低空空域开放试点，这将为低空旅游的发展提供更多空域资源。此外，随着电动飞行器的普及，低空旅游的运营成本将进一步降低，吸引更多中端消费者参与。

尽管低空旅游仍面临空域管理和安全保障等挑战，但其市场潜力不可忽视。未来，低空旅游有望成为旅游产业的新增长点，推动低空经济朝高附加值方向发展。

034 低空消防救援的实际应用有哪些？

低空消防救援是低空经济的重要应用场景之一。无人机和其他低空飞行器的参与，可以显著提高消防效率和救援精准性。以下是低空消防救援的主要实际应用。

森林火灾监控与灭火：森林火灾通常发生在偏远地区，传统的地面扑救需要耗费大量时间和资源。无人机通过搭载热成像设备，可以快速发现火源，生成火灾地图，并实时传输数据至指挥中心。例如，中国多地已部署森林火灾监控无人机，通过实时图像传输，为消防队提供精确的火源位置和火势蔓延方向。

在灭火方面，无人机可以将携带的灭火弹或水箱投放至火源附近，执行精准灭火任务。这种方式显著降低了消防员进入危险区域的风险。

高层建筑火灾救援：传统的高层建筑火灾救援受限于消防云梯的高度，而无人机能够快速抵达火场高层区域，通过搭载灭火装置和摄像头辅助救援。例如，部分无人机能够携带灭火剂，并通过高压喷射系统扑灭初始起火点。无人机还可以为高层火场中的被困人员提供实时通信设备和氧气罐，支持救援行动。

灾害现场侦察：在大型灾害救援中，无人机可用于灾情侦察。通过搭载摄像头和传感器，无人机能够迅速绘制灾区地图，识别危险区域和人员分布，为地面救援力量提供精准数据支持。例如，在2019年澳大利亚森林火灾中，无人机侦察大幅提高了指挥中心的决策效率。

应急物资运输：无人机和低空飞行器能够在极端条件下为受灾区域运输紧急物资，如饮用水、医疗设备和防护工具。例如，在地震灾害中，无人机可以通过高效的飞行路径将物资投送至受困人员所在区域，解决传统地面运输不便的问题。

有毒烟雾检测与清除：火灾发生后，有毒烟雾是对人员生命和环境安全的主要威胁。无人机通过搭载化学传感器，能够快速检测火场空气中的有毒气体成分，并为消防员提供安全防护建议。此外，一些无人机配备了烟雾清除装置，可以在救援区域释放清新空气或喷洒化学吸附剂，减小烟雾对救援行动的影响。

火灾预测与预防：无人机不仅在火灾发生时发挥作用，还可用于火灾预防工作。通过常规巡查，无人机能够识别潜在的火灾隐患，如森林中的易燃物堆积或电力线路的老化问题，并将数据传递给相关部门，以便采取预防措施。例如，部分无人机配备了AI分析功能，可实时判断森林火灾风险区域，并发出警报。

消防员安全保障：无人机可以在消防员进入危险区域前先行侦察，为救援人员提供环境安全评估。某些无人机还配备红外生命探测仪，能够帮助确认废墟或浓烟中被困人员的位置，指导地面团队的救援行动。

智能消防指挥与协同：无人机通过实时传输数据至指挥中心，可以帮助决策者更全面地掌握火灾现场状况，实现多部门协同。例如，无人机将侦察数据与地面消防队的行动轨迹整合，优化资源分配和救援路径。

035　农业领域中低空飞行器的应用有哪些？

低空飞行器在农业中的应用正在迅速扩展，其高效、精准和智能化特点为现代农业带来了显著变革。以下是低空飞行器在农业领域的主要应用。

精准喷洒：无人机可以通过高精度控制系统进行农药、化肥和液体肥料的喷洒作业。这种方式不仅减少了资源浪费，还显著降低了农药对环境的污染。例如，大疆农业无人机配备了智能喷洒系统，可根据作物的密度和健康状况自动调整喷洒量，提升喷洒效率。

作物监测与健康评估：通过搭载多光谱或高光谱成像设备，无人机可以实时监测作物的生长状况，评估病虫害和水分不足等问题。例如，在干旱地区，无人机通过红外成像识别缺水区域，为农田灌溉提供指导，实现节约用水。

播种与撒肥：低空飞行器还被广泛用于种子播撒和固体肥料施用，尤其是在山区和梯田等机械难以作业的地形中。例如，一些无人机通过模块化设计，能够快速切换任务模式，将种子均匀撒播至目标区域，显著提高播种效率。

产量预测：无人机通过航拍和数据采集，结合AI算法和大数据分析，可以对农作物的产量进行精准预测。例如，在稻田管理中，无人机获取的多光谱数据可以用来评估稻谷的生长状况，为农民提供可靠的产量预测报告。

害虫监控：无人机的远程感知能力使其成为监控害虫的重要工具。例如，通过搭载热成像或高分辨率摄像头，无人机能够捕捉到大范围内的害虫活动，为农民提供即时警报，并指导防治措施。

土壤质量分析：无人机通过搭载土壤传感器，可以快速获取土壤的湿度、养分和温度数据，为农民提供精准的土壤质量分析。例如，一些高端农业无人机能够在飞行中实时传输土壤数据，帮助农民优化肥料施用计划。

农业保险评估：无人机技术还被用于农业保险中的灾害评估和理赔。在灾害发生后，无人机可以迅速拍摄受灾区域的影像，提供高精度的灾情数据，为保险公司评估损失和理赔提供科学依据。

低空飞行器在农业领域的应用显著提高了生产效率、节约了资源，并减轻了环境负担。随着无人机技术的不断发展，未来的智能农业将更加依赖低空飞行器的支持，为农业现代化提供强有力的技术保障。

036 低空经济在智慧城市建设中的应用有哪些?

低空经济通过引入无人机、电动飞行器和信息通信技术，为智慧城市的建设提供了创新型解决方案。这些技术在交通管理、环境监测、公共服务和应急响应等领域展现了重要价值，为智慧城市的高效运作和可持续发展提供了支撑。

智能交通管理：无人机和低空飞行器可以实时监控城市道路交通状况，优化交通流量。例如，通过无人机拍摄的交通拥堵点的实时影像，交通管理部门可以动态调整信号灯周期或规划绕行路线。此外，飞行器还可用于事故现场的快速响应，通过图像传输帮助制定疏导方案。

环境与空气质量监测：低空经济为城市环境监测提供了精准工具。无人机搭载空气质量传感器和红外成像仪，可以监测PM2.5、二氧化碳等污染物的分布，为环境保护部门提供实时数据支持。例如，无人机可以快速发现污染源，如工业排放口或非法垃圾焚烧点。

城市安防与巡察：无人机广泛应用于智慧城市的安防系统，通过实时巡逻监控城市的重点区域（如火车站、机场、广场等），发现异常情况并及时报警。在紧急事件中，无人机可以协助执法人员锁定目标并追踪其行动轨迹。

智慧物流与配送：低空飞行器在城市物流配送中的作用日益显著。无人机可以在高峰时段通过空中运输包裹，有效避开地面交通拥堵，提高“最后一公里”物流效率。例如，一些快递公司已经在高密度城市区域试点无人机配送药品和高价值物品。实际案例：中国京东通过无人机为偏远山区和城市郊区提供物流服务，极大缩短了配送时间。

公共设施巡检与维护：低空经济技术在城市基础设施管理中表现出色。无人机可以用于桥梁、隧道、电力线路等设施的巡检，实时发现裂缝、腐蚀等潜在问题，减少事故风险。此外，通过无人机获取的高清影像，维护团队可以精准定位问题区域，提升维修效率。

应急管理与救援：低空飞行器在城市应急管理中发挥了重要作用。例如，在火灾或建筑坍塌事故中，无人机可以快速侦察现场情况，协助制订救援方案。在洪水或暴雨引发的城市内涝中，无人机可以投送救援物资，帮助被困人员脱离险境。

智慧社区服务：无人机技术逐步融入社区服务，通过提供送餐、安防巡逻和环境监测等服务，为居民创造更便捷的生活。例如，在智能社区中，无人机可以完成包裹投递或对绿化带进行喷洒维护。

数据采集与城市规划：无人机通过高清摄像头和激光雷达设备，为城市规划提供高精度数据支持。例如，低空飞行器可以快速完成城市3D建模，为道路设计、建筑布局优化和城市绿化规划提供直观的参考依据。

037　低空经济如何促进绿色发展与环保?

生态环境监测：低空经济利用无人机等低空飞行器在生态环境监测中的应用，提供了高效、灵活的监测手段。无人机可以搭载气体传感器、多光谱或高光谱相机、热成像仪等设备，进行大气环境质量监测、秸秆禁烧监管、重点企业气体排放监测、水质监测、生物多样性保护、森林火灾预警等。这些应用不仅提升了环境管理效能，也促进了资源的有效利用和可持续发展。

绿色航空制造业：低空经济的发展强调绿色航空制造

业的重要性，推动新能源、新材料、新一代信息技术与航空动力、整机制造和通航服务一体化全产业链条加速融合，带动低空经济上中下游产业链绿色化。这包括采用先进的科技手段和智能化管理方式，降低低空经济产业能耗和资源消耗，减少污染物和二氧化碳排放。

政策端支持：加强顶层设计，不断提升低空经济绿色发展的质量与水平。锚定高端化、智能化、绿色化的低空经济发展目标，加强政策供给和技术支撑，激发市场活力，做好低空经济发展与生态文明建设的有机结合。

绿色技术创新：构建市场导向的低空经济绿色技术创新体系，探索形成可持续的商业模式和成熟的服务方案，汇聚低空绿色经济专业技术复合型人才。

038 低空经济的多元化应用是否存在市场瓶颈？

技术挑战：低空飞行器特别是大中型无人机、eVTOL（电动垂直起降飞行器）等制造技术面向规模化应用仍面临挑战。例如，eVTOL对电池的能量密度、功率密度、安全性以及循环寿命等方面要求很高，需要全面升级和优化。

市场成熟度：我国低空运营服务市场尚未成熟，市场经营主体实力仍显薄弱，商业模式仍不清晰，市场结构仍需优化。

基础设施及技术突破：低空新型基础设施及相关技术尚待突破，低空智联网、低空空域管理与运行相关支撑技术，以及面向规模飞行的起降设施亟待完善。

政策和法规：低空经济市场政策、法规等制度体系尚未形成；完善的低空空域飞行安全、效率与经济性、公平性的全面评估机制尚需建立，空域协同管理机制仍有欠缺。

标准化程度：低空经济产业链的技术标准化程度较低，尤其是飞行器制造和运行标准不统一，给产业链上下游的协调带来了极大的困难。

基础设施网络：基础设施网络不完善，服务保障能力相对滞后；无人机适航审定能力不适应创新发展，通用机场及新型垂直起降场地的建设、管理、运行等标准体系不健全，运行规范不能适应无人机快速发展需要。

应用场景丰富度：低空应用场景有待丰富，规模化市场应用较少，许多领域尚处于空白状态。

空域管理：空域管理放开成为行业发展关键，明确落地的应用计划和试点条件需要进一步加强。

人员认定标准：人员的认定标准相对缺乏。

航线规划和基础设施建设规划：航线规划和基础设施建设规划需要进一步匹配。

039 低空经济中的城市空中出行（UAM）如何发展?

技术创新：UAM的发展依赖电动垂直起降飞行器（eVTOL）等关键技术的进步。随着eVTOL技术的不断成熟，其航程、载重、安全性等方面将得到显著提升，为城市空中交通的发展提供有力支撑。

政策支持：出台一系列相关政策和法规。这些政策将在规范市场秩序、促进技术创新、保障飞行安全等方面发挥积极作用。例如，中国发布了《通用航空装备创新应用实施方案（2024—2030年）》，旨在推动低空经济形成万亿级市场规模。

市场需求：随着社会公众对UAM服务的认知和接受程度提升，各种应用场景如商业物流、个人出行等都将不断丰富。这不仅为解决城市交通拥堵问题提供了创新方案，也为提升物流效率开辟了新的路径。

基础设施建设：UAM的商业化进程需要垂直起降机场、充电设施、空域管理系统等基础设施的逐步完善。这些基础设施的建设是UAM发展的重要物质基础。

安全与监管：UAM的发展同样面临技术安全性、隐私保护以及环境影响等挑战。政府和行业需要共同努力，在持续推动技术创新的同时，加强对行业的监管，构建完善的法律法规体系。

市场接受度：作为一种新兴的交通方式，UAM的市场接受度还有待提高。部分消费者对其安全性、舒适性等方面存在疑虑。因此，相关企业需要加强市场宣传和推广工作，提高公众对UAM的认知度和接受度。

城市融合：UAM的发展将推动城市交通、应急救援、农业植保、物流配送等领域的产业转型升级，成为经济增长新引擎。

040 低空经济在测绘行业的应用有哪些?

基础测绘：无人机技术能够快速收集地面数据，减少传统测绘中外出工作的成本，同时还可以灵活地生成不同类型的测绘结果，方便后续的分析和使用。

地籍测绘：无人机让外业数据采集效率大幅提升，实景模型直接展示地块及附着物，使地籍测量与管理更加便捷。

土地利用覆盖：无人机可以实时生成二维正射影像，工作人员可以快速对比核查，对土地利用进行动态监测。

地形测量：无人机能够快速进行大范围二维、三维建模，减少外出工作所需的成本，实现数据自动化处理，缩短作业周期。

实景三维：无人机提供的DOM（数字正射影像图）、DSM（数字表面模型）、实景三维模型、数字线划图等多种测绘成果，可以直观展示地块实景。

低空经济测绘技术：低空经济测绘技术为飞行器的研发、生产、销售以及相关基础设施建设和服务提供了重要保障。

低空经济测绘技术为低空经济的各个应用领域提供了准确的数据支持，包括应急响应、测绘测量、智慧城市等领域。

科技活动助力：测绘技术在低空经济中的实际应用，激发了对未来探索的热情，为低空经济的发展注入了新的活力。

综上所述，低空经济在测绘行业的应用广泛，不仅提高了测绘工作的效率和精度，还为城市规划、环境监测、灾害评估等提供了可靠的数据支持。随着技术的不断发展，低空经济测绘的应用领域将进一步拓展。

041 低空经济在石油和天然气领域的应用有哪些？

石油平台和油气田巡检：无人机在石油平台和油气田的巡检中发挥重要作用。通过搭载高清摄像头、红外热成像仪、气体传感器等设备，无人机可以对石油平台、设备、管道系统等进行远程巡查。无人机能够发现设备故障、放电、腐蚀等问题，尤其是对于一些危险区域或难以接触的设施，可以避免人工巡检的高风险。

气体泄漏检测：无人机可以搭载火焰检测传感器（如遮挡传感器、高度传感器、硫化氢气体传感器等），对石油和天然气开采现场进行气体泄漏检测。无人机能够快速覆盖大范围区域，精准定位泄漏点，及时报警，避免污染环境。

油气管道巡检与监测：石油和天然气管道的巡检与监测是确保供应安全的重要任务。通过无人机巡检，尤其是搭载高清相机、红外热成像仪、激光雷达等设备，无人机能够快速检测管道的损坏、裂纹，这种方式极大提升了巡检效率，并且可以用于偏远或极化环境中。

环境监测与评估：无人机可以搭载环境监测设备（如空气质量仪、温湿度传感器等）对石油和天然气开采区的环境进行实时监测。这包括对周边水体、大气、土壤等环境的质量监测，以及对可能的环境监测的照射源进行跟踪和评估。

042　低空经济在电力行业的应用有哪些？

输电红外巡检：无人机搭载热成像相机可以发现许多可见光无法检测的缺陷，如设备过热或温度异常现象，可通过热成像相机画面所呈现的温度数值、画面特征等快速对比发现。无人机可以近距离多角度巡查，有效解决红外巡检角度受限问题。无人机红外巡检支持多种调色盘及等温线自由设置，可进行异常发热点排查。红外及可见光联动使用，红外相机快速发现问题，可见光相机快速定位位置。

输电杆塔巡检：无人机自主飞行应用可以对输电杆塔进行精细化的日常巡检，及时发现问题，及时消缺。

无人机巡检不仅可以减少人工徒步辛劳，还能使有效作业距离翻倍，同时减少因地形复杂导致的巡检困难。

无人机巡检点位多，工作量大，但无人机可以保证巡检质量，并且数字化记录、留档、回溯。

输电数字化建模：无人机可以建立杆塔坐标及电力线路模型库，为可视化数据存档、无人机自主飞行、数字孪生建设等提供关键数据信息。无人机单架次采集可达18公里，效率高，成本低。

数据可达厘米级精度，标准化点云格式满足拓展应用。

低空经济在电力行业中具有重要作用，特别是在提高巡检效率、降低成本、提升安全性和实现数字化管理方面。随着技术的进步，低空经济在电力行业的应用将更加广泛和深入。

043 低空经济在水利行业的应用有哪些?

水政执法：无人机可以高效开展河湖巡查，及时查处“四乱”隐患，即乱占、乱采、乱堆、乱建。通过无人机取证素材云端回传，提升执法效率。无人机还可以协助进行水环境监测，监测水质、污染物排放等情况，以及协助水利工程项目的规划和设计，进行地形测量和模型构建。

水库巡检：无人机可以定时定点自动巡检作业，对坝体、周界、水面进行精细化巡检，预警各类安全隐患。利用自动化机场解决方案，无人机可以对水库进行无人值守自主巡检，有效提升巡检效率。

水利防汛：无人机实时回传汛情高清影像，空地协同辅助指挥决策。在汛期，无人机可以高效开展空中态势感知，辅助后方及时了解一线情况，实现远程防汛指挥调度。无人机提供精准凌情信息，及时准确传递凌情变化和工程险情，有力支持黄河防凌监测工作。

水利勘察测量：无人机高精度航测数据采集，生成多种形式数字化成果。无人机有效支撑L2、L3数据底板建设，流域航测数据高效采集，建设精细化数字成果。无人机影像数据、工程数字化模型直观呈现，助力水利工程监督与成果验收提效。无人机采集数据，生成数字化模型，高效进行数据分析，针对扰动图斑复核、水土保持调查等场景。无人机非接触式测量水体流量数据，无须涉水作业，保障人员安全，提升作业效率。

低空经济在水利行业中具有重要作用，特别是在提高巡检效率、降低成本、提升安全性和实现数字化管理方面。随着技术的进步，低空经济在水利行业的应用将更加广泛和深入。

044 无人机技术如何助力智慧农业发展?

无人机技术对农业的变革性作用主要体现在生产效率、管理精细化和资源节约等方面，这为智慧农业的发展提供了重要支持。智慧农业时代的到来使得传统农业朝现代化、智能化方向迅速转变，其中无人机与农业结合已成为智慧农业发展的典型代表。

无人机技术在农业领域的应用以高效、精准、自动化为主要特点。例如，无人机搭载多光谱或高光谱传感器，可高效实现对农作物的监测、诊断和管理。传统农业中，农户巡田检查病虫害、作物长势或灌溉情况时通常依靠人力，费时费力且误差较大。而无人机通过遥感技术迅速扫描田间情况，以高清影像数据精准地识别病害、虫害或营养缺乏区域。农户可以快速定位问题所在，实施定点施肥或施药，避免传统农业中大量使用农药、化肥造成的资源浪费与环境污染。

无人机在农业植保中的应用尤其突出，植保无人机可实现喷洒农药、化肥和叶面肥的精准化与智能化。相较传统人工或地面机械喷洒，无人机能精确控制农药喷洒的剂量和区域，减少药剂使用量达30%以上，并提高了防治效果。尤其是在丘陵、山地等传统机械无法触及的复杂地形，无人机的优势更加明显。通过自动飞行路径规划、精准定高喷洒，无人机实现了全自动、高效率植保作业，节约了大量人力成本并有效降低了农业劳动强度。

无人机也被广泛应用于作物生长监测与管理。利用无人机对农田进行实时监测，通过搭载传感器采集作物长势、生长密度、水分含量等多项数据，建立完善的农作物生长模型。基于大数据分析技术，农业专家或农场管理人员可以准确预测作物产量，提早发现生长异常区域并采取干预措施，确保农业生产的稳定性与高产。

在农业规划和灾害评估方面，无人机发挥着重要作用。通过高分辨率航拍与图像处理技术，迅速、准确地掌握农田土地利用现状、种植面积、农作物布局等空间信息。这种实时数据可以辅助政府和农场主精准进行土地规划、轮作制度设计以及基础设施布局，避免土地资源浪费，提升农业生产效率。

另外，无人机还助力农业保险行业快速发展。过去农业保险的赔付核查多依靠人工调查，耗时耗力且精度较低。

无人机可快速开展灾害评估、受灾范围勘察，精确拍摄灾情区域高清图像数据。保险公司依据这些数据可快速、客观地确定受损程度与面积，加快赔偿流程，有效提高了农户保险理赔体验与满意度。

随着技术的成熟，无人机的应用场景不断扩展。农产品运输无人机也逐渐兴起，特别适用于偏远山区或岛屿地区，提升农产品流通效率，降低物流成本。未来，无人机技术与AI算法、5G通信以及物联网技术的融合，将进一步提高智慧农业的智能化水平。

值得注意的是，无人机农业应用还面临一定挑战，例如，续航时间有限、载重量不足、部分传感器成本较高等问题仍待解决。此外，农业无人机的广泛应用还面临人才缺乏的问题，农户需要接受系统培训才能掌握无人机操作与数据分析技能。

总的来说，无人机技术为智慧农业发展提供了巨大的推动力，通过高效、精准、智能的作业方式，大幅提升了农业生产效率，降低了成本，同时也带动了农业生产朝绿色、可持续方向发展。随着技术进步与产业链的成熟，无人机将在农业领域中发挥更加重要的作用。

045　低空经济对传统运输业的影响是什么？

低空经济对传统运输业的影响体现在多个方面，尤其体现在运输方式创新、市场结构重塑、产业融合发展等领域。低空经济以无人机、通用航空器、轻型飞行器等为主要载体，飞行于相对低的空域（一般在1000米以下），通过灵活的运输能力、快速的响应机制和低成本的运营模式，逐渐成为传统运输业的新兴竞争者。低空经济的兴起，对传统运输业的业务结构、市场格局和发展模式产生了深远影响。

低空经济直接影响了传统运输业的市场份额和竞争态势。随着无人机物流、无人机配送等低空运输方式的快速发展，传统运输模式在短途、小批量、高时效性的运输领域面临竞争压力。例如，以无人机为代表的低空运输工具，因快速灵活且不受地面交通拥堵影响，越来越受到物流企业和客户的青睐。尤其是在医疗急救、偏远地区配送以及城市高峰时期的快速物流领域，传统的汽车运输甚至航空运输面临明显的竞争替代威胁。低空运输工具在效率、时效性和个性化服务方面的优势，迫使传统运输企业必须重新审视其业务布局和服务方式，否则将可能在部分市场失去竞争优势。

低空经济对传统物流运输方式产生了明显的替代效应，尤其是在中短程运输方面。以无人机物流为例，由于无须依赖地面基础设施，能够实现点对点精准运输，大幅缩短了货物配送时间。这使得传统公路运输、铁路运输在速度、效率等方面暴露出明显的劣势。同时，低空经济的应用场景也日趋多元化，除物流运输外，还逐步延伸至快递服务、餐饮配送等传统运输业主导领域，这进一步挤占了传统运输企业的市场份额。

低空经济的兴起也推动了传统运输业在业务模式上的创新与升级。面对竞争压力，传统运输企业不得不优化服务，提升技术含量，甚至主动融入低空经济发展，布局“地空联运”新模式。例如，一些传统物流巨头已经开始布局无人机配送服务，通过融合低空经济，建立地面运输和低空运输相结合的立体化物流体系，提升综合竞争力。此外，传统运输企业也借助低空经济的技术和理念，加速朝智能化、自动化和数字化升级的步伐，以应对市场变化带来的挑战。

低空经济也对传统运输产业链产生了深远的影响。低空运输工具的广泛应用催生了新的上下游产业，如无人机制造、低空飞行服务平台、空域管理系统等，这些产业的兴起与传统运输业存在合作与竞争关系，促使传统运输产业链不断朝综合化、智能化方向发展。例如，传统运输企业开始与无人机企业合作开发联运体系，共同构建高效的物流网络，形成更加协同的服务生态。

然而，低空经济的发展也并非全是积极影响，它同样给传统运输业带来了潜在的挑战与风险。一方面，低空飞行器的大规模应用势必对现有空域管理体系提出挑战，如何保障低空运输的安全、高效和规范运行仍需探索；另一方面，低空运输在大规模商业化应用过程中可能面临政策、法律法规以及社会接受度的限制。例如，无人机飞行过程中的安全隐患、隐私保护、噪声污染以及对地面环境的干扰等问题，都可能成为低空经济与传统运输业协调发展的难点。

从就业和产业转型的视角来看，低空经济的普及可能对传统运输业就业结构产生一定冲击。无人化、智能化运输方式的推广，可能导致一部分低技术要求的运输岗位逐渐减少，这要求传统运输从业人员进行技术转型与职业技能提升，以适应产业转型的需求。

总体而言，低空经济对传统运输业的影响是全面而深刻的，它不仅改变了运输服务的模式与效率，也推动了产业的整体创新与进步。对于传统运输企业而言，应积极应对低空经济带来的机遇和挑战，通过产业融合、技术创新和模式转型，主动适应市场变化，才能在新的经济形势下保持竞争优势，实现可持续发展。

第五章

低空经济的挑战与机遇

046　低空经济发展面临的主要挑战是什么？

（一）低空空域的开放与管理

低空空域的开放和管理是发展低空经济的核心问题之一。

空域资源有限：低空空域是军用、民用和通航共同使用的区域，资源分配和协调存在冲突。

监管体系不完善：现有的空域管理政策和法规滞后于低空经济的发展需求，缺乏清晰的分类管理和动态调整机制。

技术支持不足：低空飞行需要精准的导航和通信系统，但相关基础设施尚未完全覆盖，无法满足大规模低空活动的需求。

（二）技术创新与安全监管

技术创新与安全监管的问题越发突出。

技术创新与安全的平衡：低空飞行器（如无人机和

eVTOL）性能不断提升，但其自动化水平和抗干扰能力仍需改进。

监管工具滞后：目前的监管体系对新技术和新模式的适配性较差，缺乏智能化、动态化的监管工具。

飞行安全隐患：低空飞行器的密集使用可能带来空中碰撞、通信干扰和飞行失控等风险。

（三）明确和完善的法律法规

低空经济的发展需要明确和完善的法律法规。

政策的不确定性：不同区域在低空空域的开放程度和审批流程上存在差异，增加了行业进入门槛。

法规体系不健全：低空经济涉及的飞行器适航审定、数据隐私保护等方面的法规仍有空白，使企业和运营方产生困惑。

国际协调困难：低空经济的发展具有全球化趋势，但各国的政策和规范差异较大，缺乏统一的国际合作框架。

（四）高效的基础设施和先进的技术支持

基础设施不完善：低空起降点、导航系统、监控网络等关键设施建设不足，制约了低空经济的规模化发展。

技术标准化缺失：目前，低空飞行器的制造和运营缺乏统一的技术标准，导致不同企业和领域之间难以协同。

（五）市场与商业模式

市场与商业模式仍处于早期发展阶段。

市场规模受限：虽然低空经济市场潜力巨大，但目前应用场景较为局限，难以充分释放其经济价值。

商业模式创新不足：现有商业模式大多集中在物流和农业植保领域，其他领域的应用场景尚未得到充分开发。

公众接受度低：由于低空飞行器存在噪声、隐私风险等问题，公众对低空经济的接受度和信任度较低。

（六）与环保的平衡问题

低空经济发展需要解决与环境保护的平衡问题。

能源与排放问题：低空飞行器的能源消耗和碳排放需要通过绿色技术进行优化。

噪声污染：低空飞行器在城市和乡村运行时可能引发噪声污染，对居民生活产生不利影响。

生态干扰：低空飞行可能对鸟类等野生动物栖息地造成干扰，需要制定环保措施加以管控。

（七）高素质人才

低空经济的发展需要大量高素质专业人才。

技术型人才短缺：如无人机设计、飞控系统开发、自动化技术等领域的人才供应不足。

运营管理人才缺乏：既懂市场运营又懂航空技术的复合型人才较为稀缺。

教育与培训滞后：产学研协同不足，现有教育体系无法满足行业对专业技能和实践经验的要求。

047 低空经济空域管理如何突破瓶颈？

低空经济的空域管理难题是当前制约低空经济快速发展的关键瓶颈之一。这些难题不仅涉及技术上的复杂性，也包括政策协调和多方协作的挑战。因此，需要从管理机制、技术支持、政策制定和平台建设等多个维度展开，协调解决，构建高效有序的低空运行环境。具体而言，可以从以下几个方面入手解决这些难题。

在管理机制上，应借鉴国际先进经验，推动分类管理制度的实施。分类管理即对不同用途、不同类型的飞行器实施差异化管理，以实现空域资源的优化配置。将低空空域按高度、用途、飞行器类型等进行科学划分，不同类型空域适用不同监管规则。这种做法使监管效率提高，资源分配也能更加合理。明确不同类型空域的运行规则和管理要求，形成清晰的监管框架。

完善军、民协作机制，统筹空域资源的管理。当前，我国低空经济发展面临的重要瓶颈之一，是大量空域资源仍然由军方掌控，民用航空及通用航空使用资源有限。这就需要在军民融合战略框架下，建立军民联合管理协调机制，通过制度化安排，明确各方权益、责任和义务。军民双方共同制定协作规则和运行规范，确保低空空域的开放性、可控性和安全性。协作机制可以定期举办沟通协调会，增强信息互通与信任，构建畅通高效的合作环境。

在技术支持方面，建立和完善低空空域的技术保障体系至关重要。数字技术的进步为低空空域的精细化管理提供了新思路。通过加快低空三维数字化空域地理信息系统建设，提升对低空空间精准的管理与监测能力。同时，应加快北斗导航、卫星通信、自主飞行控制等关键技术的推广和应用，构建高效、稳定的监视和导航系统，从技术层面提升低空运行安全性。

建设一体化的综合监管服务平台也非常重要。依托信息化技术，打造一个覆盖范围广、响应迅速、便捷高效的综合监管平台。该平台应具备多源数据融合、实时监控、快速响应、综合服务等功能，确保监管部门与运营主体之间高效互动，简化审批流程，降低管理成本。

在政策制定方面，须建立适应低空经济发展特点的动态监管模式。为适应低空飞行活动的高频次、灵活性，应推动审批制度的分类改革。比如，对于一般日常运营的低空飞行活动，实行常规分类管理，实现“一次报批、长期有效”，减少不必要的行政审批手续；而对于特殊或临时的飞行活动，则可实行特报速批机制，通过特批通道实现快速响应，提高服务效率。

还要重视平台建设。加快建设城市和区域级别的低空综合监管服务平台，实现飞行计划提交、审批、监控一体化处理，形成统一的数据入口和运行标准，提升监管的精准度与服务效率。

低空经济的空域管理也要注重生态系统建设和社会参与。加强行业协会、企业及相关科研机构之间的合作，形成共建共享的产业生态体系，推动标准制定和行业自律，形成监管部门、企业、研究机构等多元主体共同参与的良性互动模式。这种互动模式可以更好地整合资源，提升创新能力，并促进监管政策的有效落地实施。

总的来说，解决低空经济空域管理难题需从分类管理、军民协作、技术支持、政策制定和平台建设等方面综合推进。通过制度、技术与管理模式的协调联动，最终实现低空经济领域健康、高效、可持续的发展。

048　低空经济的商业模式有哪些创新方向？

低空经济的商业模式创新方向主要集中在探索新兴市场需求、拓展技术应用场景、优化服务模式以及整合产业链资源等方面，具体表现为以下几个方面的创新。

探索个性化和定制化服务市场。随着无人机等低空飞行器技术的逐渐成熟，低空经济中的商业模式逐渐由传统单一服务朝个性化、定制化方向发展。例如，在农业领域，利用无人机进行精准农业服务，包括提供病虫害监测、精准施肥、作物生长分析等个性化解决方案，显著提高农业生产效率与收益。在物流领域，无人机配送服务的个性化定制，如医疗急救物资配送、偏远地区物资快速运输等，也为商业模式带来了新的空间。

推动共享经济与平台模式融合。低空经济的发展还催生了大量共享经济与平台经济融合的新模式。例如，通过建立无人机共享平台，企业和个人可以按需租赁无人机设备，降低使用成本，实现资源优化配置。同时，平台还能提供飞行规划、实时监管、技术维护等一系列服务，形成完整的生态链。这种模式不仅提高了设备利用效率，也有效降低了企业的资金投入与运营风险。

挖掘低空旅游经济潜力。低空旅游成为商业模式创新的重要方向之一，通过开发低空旅游航线，利用轻型载人航空器或无人机提供景区空中观光体验，成为旅游业发展的新热点。此外，VR和AR技术的结合应用还能提升空中观光的互动性和趣味性，打造全新的沉浸式旅游体验。这种模式不仅能够满足游客多元化的需求，也能显著提升景区附加值。

发展城市空中交通模式。城市空中交通利用垂直起降的飞行器实现城市内点对点快速交通，成为低空经济最具潜力的商业模式之一。UAM可以有效缓解城市交通拥堵，减少通勤时间，提升交通效率。目前，各大科技企业纷纷布局UAM，开发适合城市短距离快速运输的载人飞行器和智能调度平台，未来将形成完整的产业生态系统。

建设低空智能物流网络。物流行业是低空经济发展的重要领域之一。建立由无人机构成的智能物流网络，能够极大提高配送效率，降低成本，尤其适合偏远和交通不便地区。通过无人机仓储联动、无人机自动分拣、智能配送路线优化等技术的融合应用，构建高效、智能、自动化的物流网络体系，形成具有竞争力的商业模式。

推动无人机应急服务新业态。利用无人机在公共安全、应急救援、消防、医疗急救等领域提供及时响应服务，正在逐渐形成新的商业模式。例如，基于无人机快速响应平台，可以实现紧急药品投送、灾区物资快速配送、紧急情况监测等服务，提高应急响应速度与效率，为企业创造新的经济增长点。

创新广告传媒商业应用。低空无人机还可广泛应用于广告与传媒领域，打造空中广告传媒的新模式。利用无人机编队飞行、灯光秀以及悬挂广告横幅等方式，形成具有视觉冲击力的户外媒体宣传，极大提升品牌传播效果，赢得大量商业合作机会。

总的来说，低空经济商业模式的创新方向多样且前景广阔，涵盖个性化服务、共享经济、旅游、城市交通、物流、应急服务和广告传媒等多个领域。通过持续创新和跨界融合，将有效推动低空经济产业生态系统的完善与发展。

049　如何平衡技术创新与监管需求？

低空经济的发展与监管需求的平衡，是推动经济增长、促进新兴产业发展的重要课题。有效处理低空经济中的技术创新与监管需求之间的关系，不仅关乎产业快速发展，也直接影响空域安全和公众利益。

实现低空经济创新与监管需求平衡的关键在于建立既灵活又稳健的监管框架。这种框架应能够及时适应低空领域的新技术发展趋势，避免过于严格的规定阻碍产业发展，同时也要确保足够的监管力度，防范因监管不力导致出现安全隐患和社会负面影响。例如，近年来无人机技术迅速普及，过于严苛的监管可能限制无人机相关产业的成长，而监管不足则可能产生空域冲突、隐私侵犯及公共安全等问题。因此，监管政策须保持动态调整，适应技术发展需求。

建立跨部门的沟通协调机制是促进低空经济健康发展

的关键因素。航空监管部门与低空技术企业之间应搭建顺畅的沟通渠道，确保监管部门能准确把握技术发展的最新趋势，而企业也能及时掌握监管的政策变化。这种相互了解可以帮助监管部门制定更加科学、合理且符合实际需求的监管措施，而企业则能提前融入监管要求，降低合规成本。

在具体监管策略方面，应积极推行监管沙盒（Regulatory Sandbox）机制。监管沙盒允许企业在受控环境下对新技术、新模式进行有限的试验，监管机构可以借此实际评估这些技术和模式可能产生的风险和社会影响。这种做法不仅能够提前发现潜在问题并及时优化监管措施，还能帮助企业更快地了解合规要求，实现创新与监管的协同发展。

监管政策应实施差异化的风险导向策略。低空经济不同领域的风险程度存在明显差异，例如，载人飞行器、物流无人机、空中旅游等涉及较高风险，需要较严格的监管措施以确保安全和合规；而农业植保无人机、航拍无人机等相对低风险的领域，则可以在政策上给予更多灵活性，促进产业快速发展。

政府部门还应强化自身对低空经济新技术的理解与监管能力建设。面对迅速发展的低空技术，监管机构需通过专业培训、聘请技术专家、构建跨学科团队等途径，提升自身专业性与决策水平。这将帮助监管机构更加精准地制定监管措施，避免因专业知识不足而产生监管盲点。

国际合作也是实现低空经济监管与创新平衡的重要手段。低空经济技术如无人机、空中出租车和低空物流等具有明显的跨境属性，单一国家的监管效果有限，各国之间应加强协作，制定统一的监管标准和最佳实践，共同推动低空经济的安全发展。这种国际合作还能防止监管套利现象，提升监管效率。

此外，建立有效的反馈与评估机制也十分有必要。监管政策出台后，应及时收集企业、公众与行业组织的反馈信息，评估政策实施效果，并根据实际情况进行动态调整。这种反馈机制能确保监管政策始终与时俱进，既能满足产业发展需要，又能保障社会公共安全。

总之，实现低空经济的技术创新与监管需求的平衡，需要灵活监管框架、跨部门协调、监管沙盒实践、风险导向监管、能力建设、国际合作与动态反馈机制的共同推进。妥善处理好这一关系，才能有效促进低空经济产业的健康与可持续发展。

050　如何吸引资本投入低空经济领域?

在中国，吸引资本进入低空经济领域，需要政府和市场的共同努力。一方面，政府通过政策引导和财政支持，为产业发展提供稳定的外部环境。例如，出台简化审批流程、优化市场准入等政策，大力推动低空空域管理体制改革，为企业创造有利条件。另一方面，展示行业的巨大市场潜力十分重要。数据显示，低空经济市场规模到2025年预计将达到1.5万亿元，到2035年将增长至3.5万亿元，对资本具有强大的吸引力。

资本渠道的多样化也是关键环节。通过拓展融资途径，例如吸引保险资金参与长期投资试点、设立专项基金等，能够支持重点领域的发展。同时，精准赋能金融服务，针对企业的具体需求定制化金融产品，不仅能降低投资风险，还能提升资本运作效率。此外，积极推动低空经济领域企业的上市融资，拓宽直接融资渠道，利用资本市场加速企业成长。

同时，加强资本市场对低空经济的认知与关注，组织专业的低空经济论坛、投资推介会等活动，吸引投资机构深入了解低空经济的发展前景与具体项目。政府也可通过产业示范项目建设，以典型案例引导社会资本进入。同时，完善配套基础设施建设，通过机场、通信设施、导航设施等基础投资，降低企业的运营成本与风险。

此外，通过制定明确的投资回报机制、风险分担机制及优惠政策措施，进一步明确社会资本参与低空经济的收益路径和风险保障，增强资本投资的信心与热情。通过上述多维度、多层次的综合措施，能够有效吸引资本投入低空经济领域，助力产业健康、快速发展。

051 低空经济如何推动区域经济的发展?

低空经济通过激发区域经济活力、带动产业结构升级、创造新的就业机会等途径，有效推动区域经济的发展。低空经济的兴起带动了新兴产业的发展，例如无人机制造、维修保养和低空旅游服务等，这些产业的兴起有效促进了当地产业结构的优化升级。此外，低空经济的发展能够推动传统产业技术升级，如农业领域的无人机植保和智能农业技术，提升了农业生产效率和竞争力。

低空经济为区域经济发展带来了丰富的商业机会。通过构建低空物流网络，有效缩短货物运输时间，降低物流成本，促进区域内贸易活跃。同时，发展低空旅游业，如通航旅游、观光飞行，能够增加旅游资源的吸引力，带动旅游产业链的发展，进而促进住宿、餐饮、娱乐等相关服务业的繁荣。

低空经济通过完善基础设施建设，如通用机场、起降场和导航通信设施等，直接提高区域基础设施水平。这不仅便利了区域内交通运输和人员流动，还为其他产业提供了更好的发展环境，吸引更多企业投资落地。

低空经济在推动科技创新和人才集聚方面也发挥了重要作用。围绕无人机、通航飞机等领域的科研和创新能够吸引大量专业技术人才进入区域，推动区域科技创新能力提升，形成区域经济发展新动能。

通过政府的政策扶持和引导，低空经济能够有效促进城乡一体化发展，改善农村地区的基础设施条件，缩小城乡发展差距，助力乡村振兴战略的实施。

综上所述，低空经济通过产业结构升级、商业机会拓展、基础设施改善、科技创新激发及城乡一体化发展等多种途径，为区域经济发展注入强劲动力，实现区域经济的可持续发展。

052 低空经济的可持续发展如何实现？

实现低空经济的可持续发展，需要在政策制定、技术创新、市场培育、产业融合与安全监管等多方面进行综合布局，建立起行之有效的发展路径。

低空经济的可持续发展离不开政策的科学规划与引导。政策是低空经济产业发展的重要支撑，政府应出台清晰明确的政策法规，完善低空空域管理办法，适度放宽低空飞行管控。明确低空经济产业相关主体的责任、权利、义务，鼓励和引导企业积极参与低空产业建设。政府还可以通过税收优惠、财政补贴以及产业基金等经济手段，降低企业进入和运营成本，推动产业快速健康发展。

完善基础设施建设是保障低空经济顺利实施的必要环节。低空经济发展需要完善的基础设施网络，包括机场建设、导航通信设施布局以及应急救援系统的搭建。建设低空飞行服务保障体系，实现基础设施的高效运行和协调管理。同时应推进城乡基础设施一体化，消除区域之间的基础设施差距，保障低空产业的可持续发展。

技术创新在低空经济实现高质量发展中占据核心地位。发展低空经济需要不断推进航空器制造、导航技术和无人驾驶技术的创新。企业应增加研发投入，解决无人机自动驾驶、高精度导航定位、低空安全监控等关键技术难题。建立技术创新平台和产业合作联盟，聚合科研院所、高校、企业等多方力量，加强关键技术攻关与协同创新，加速技术成果的转化与应用。

培养和引进专业人才对低空经济的长远发展意义重大。高素质、专业化的人才队伍是低空经济产业壮大的核心资源。政府和相关企业需共同努力，推动高校开设低空经济相关专业课程，加快低空飞行、无人机操作、航空维修维护等专业技能型人才的培养。与此同时，应建立人才引进和激励机制，吸引国内外高端人才加入低空经济产业，共同推动产业的快速发展。

资金投入和多元化融资渠道的建设是保障低空经济健康发展的重要基础。政府应加大财政资金的投入力度，提供一定的政策扶持资金，鼓励社会资本通过PPP模式、风险投资、产业基金等多种形式参与低空产业的开发建设。金融机构可创新金融产品，搭建多元融资服务体系，推动低空经济企业与资本市场有效对接，解决低空经济产业发展中的资金问题。

推动产业融合，构建低空经济的综合产业生态链也非常关键。低空经济涉及旅游、农业、物流、应急救援、环保监测等多个领域，应加强各产业间的深度融合，探索多产业协同发展的新模式。尤其是在文旅经济、乡村振兴和智慧农业等领域，利用低空产业优势提升服务能力和经济效益，实现跨界资源的整合与共享，进一步释放低空产业的潜在经济价值。

打造特色产业区域，构建差异化竞争优势将是实现低空经济持续发展的有效路径。各地应立足自身资源禀赋，结合区域经济特色，发展特色化、差异化的低空产业集群，避免同质化竞争。鼓励地方政府与市场主体加强合作，形成各具特色的低空经济发展示范区，增强区域产业核心竞争力和产业吸引力。

环境保护和生态可持续也是低空经济实现可持续发展的重要条件。加强生态保护与低空经济发展的协调统一，推行环境友好型技术应用，确保低空经济产业的发展不会对生态环境造成破坏。实施严格的环境保护和生态监测措施，实现经济效益与生态效益的统一。

安全管理与风险防控体系建设不可或缺。低空飞行安全直接关系到低空经济产业的生存与发展，应建立健全安全监管体系和风险预警机制，加强监管部门与运营企业的信息共享和联动机制建设。提升从业人员的安全意识和应急处置能力，确保低空产业运行安全可靠。

实现低空经济的健康可持续发展，需要政策引导、基础设施完善、技术创新、人才培养、资金支持、产业融合、区域特色化发展、安全管理等各方面协同推进。只有形成科学合理、开放协同的产业生态体系，才能真正推动低空经济走上可持续发展的道路。

053　如何平衡低空经济的发展与环境保护？

低空经济的发展为人们提供了广阔的经济前景，但随之而来的环境问题也逐渐凸显。低空经济涉及航空器在相对较低的空域进行经济活动，包括通航运营、空中观光、农业植保、无人机物流等，这些活动虽然能够极大提高生产生活效率，但同时也可能对生态环境造成负面影响，例如噪声污染、空气污染、生物多样性破坏以及自然景观的干扰。因此，实现低空经济发展与环境保护之间的平衡，成为推动该产业健康、可持续发展的关键。

在低空经济的开发过程中，噪声污染是直接影响公众生活和野生动物生存的重要因素。应严格控制低空飞行活动的时间、频率和路线，避免飞行器频繁经过人口稠密区和生态敏感区。例如，可通过科学规划飞行航线，将飞行器噪声的影响降到最低，同时推动航空器技术升级，研发和推广更安静的发动机及降噪设备。

无人机物流和通用航空的快速发展使空气污染问题日益严重，航空器使用的传统燃料所排放的尾气中含有大量温室气体与有害物质。需要积极推动低碳燃料和新能源航空器的研发和应用，例如电动航空器、氢燃料航空器以及生物燃料的广泛使用。推广新能源飞行器不仅能够显著降低污染物排放，还能提升行业的整体技术水平，推动产业绿色转型。

生物多样性保护在低空经济发展中也占据关键地位。频繁的低空飞行可能干扰鸟类等野生动物的迁徙与栖息，甚至导致部分物种栖息地永久性丧失。有关部门需要建立详细的生态敏感区域飞行限制清单，明确哪些地区禁止低空飞行，哪些地区需要限制飞行高度和频率。此外，通过建设生态廊道、设置鸟类保护设施或使飞行季节与动物迁徙周期错开，以最大程度降低生态干扰。

农业植保领域的低空经济活动，如无人机喷洒农药、肥料，虽然提高了农业生产效率，但也存在农药误喷、过度喷洒等环境风险。应建立严格的监管机制和规范的作业标准，提升操作人员的技术培训，确保喷洒精准，避免农药对土壤、水体和非目标生物造成污染。

针对自然景观保护的问题，低空经济发展过程中应当明确景观保护区的飞行管理规则，减少对自然景观的视觉和听觉干扰。特别是在旅游景点区域，应采取限流、限频等措施，防止密集的飞行活动破坏游客对自然环境的感官体验。

建立完善的法律法规体系和监管机制，是实现低空经济与环境保护协调发展的基础保障。政府部门应加强低空飞行活动的日常监管，明确对违法行为的处罚力度，通过严格执法保障生态环境的长期健康。同时，鼓励社会公众参与监督，建立公众举报平台，增强社会各界的环保意识。

环境影响评估制度在低空经济发展规划中也应发挥重要作用。所有涉及低空经济开发的项目，在立项前都必须进行全面的环境影响评估，提前预判可能产生的生态风险，并提出可行的环境保护措施。只有通过环境影响评估审查的项目，才能正式启动实施。

加强低空经济企业的环境社会责任教育，通过行业协会组织培训和宣传活动，提升企业的环境保护意识，使企业在追求经济效益的同时，主动承担环境保护的社会责任。

技术进步、科学规划、严格监管和广泛的社会参与，可有效解决低空经济发展与环境保护之间的冲突，逐步实现二者的和谐共存，促进低空经济的可持续、健康发展。

054 低空经济中的人才需求有哪些?

低空经济的快速发展对多领域人才提出了广泛需求，包括无人机驾驶员、技术研发工程师、飞行服务人员和跨学科专业人才等。据预测，未来五年内，仅无人机驾驶员的需求量就将达到100万人。同时，技术研发领域，如无人机设计、数据处理、自动化控制、智能感知等，也需要大量具有相关背景的专业人员，以推动行业技术的快速升级与创新。

新兴领域如电动垂直起降飞行器（eVTOL）的技术突破进一步扩大了人才需求范围。从动力系统研发到飞行器结构设计，每个环节都需要高素质的专业人员。此外，飞行器维修和维护也需要熟练掌握航空器维修知识的技术人员，以确保飞行安全和设备性能。

产业链的运营和管理同样需要跨学科人才，尤其是在政策规划、市场运营与技术融合领域。低空经济作为新兴产业，政策环境尚在持续完善中，这就要求从业人员既要具备丰富的行业知识，也要了解政策法规及其发展趋势，从而更好地推动产业健康有序发展。市场运营方面的人才则需要具备敏锐的市场洞察力和创新的经营理念，能有效开拓新市场并应对不断变化的行业需求。

飞行服务领域的人才需求同样重要。随着低空旅游和通用航空服务的发展，各类飞行员、机务人员、地面服务人员的需求持续增长。这些岗位的人员需要掌握飞行技术、服务礼仪、安全管理等综合技能，确保客户体验与服务品质。

低空物流的兴起进一步推动了人才需求的增长。尤其是无人机物流配送技术的快速发展，急需大量具备飞行操控、路径规划、智能配送管理的专业人才。这些人才不仅要精通无人机技术，还需要具备物流管理知识，能高效实现物流服务体系的智能化升级。

要满足这些广泛而紧迫的人才需求，应通过产教融合培养紧缺人才。例如，教育机构与产业深入合作，建立实训基地，培养具备实际操作能力的技术人才。产业界可提供最新设备、技术支持和项目实践机会，教育机构则通过优化课程设置，强化技能培训，帮助学生快速掌握行业所需的知识与技能。

同时，政府层面需要通过政策支持，引进行业领军人才与科研团队，增强产业核心竞争力。设立专项资金、提供人才补贴、鼓励高校与企业联合开展科研项目等措施，都有助于构建健康、可持续的人才生态。

此外，随着低空经济的智能化、数字化程度不断提升，融合人工智能、大数据分析、5G通信技术的跨学科专业人才需求也逐渐增加。这类人才不仅需要掌握多种先进技术，还需具有系统集成和创新能力，以推动技术融合、实现产业升级。

综上所述，低空经济的人才需求呈现出显著的多样化和专业化趋势，涵盖了飞行技术人才、技术研发工程师、运营管理人才、跨学科专业人才等多个层次的需求。这些人才不仅要求具备专业的技术背景，还需要具备跨领域的综合能力，以适应低空经济快速发展的多样化需求。为此，政府、企业和教育机构应通力合作，共同努力打造一个完善的人才培养、引进和激励机制。这包括政府出台政策支持与资金引导，企业提供实践机会与行业培训，教育机构加强相关专业课程的设置和技能培训，确保低空经济产业链各环节的人才需求得到及时满足，推动行业的健康、可持续发展。

055　如何保障低空飞行安全?

保障低空飞行安全需要综合多种管理和技术措施，形成完善的安全保障体系。具体措施包括以下几方面。

（一）完善空域规划与管理

合理划分低空飞行空域，包括设定管制区、限制区和开放区域，确保各类飞行活动有序开展。

制定清晰明确的低空飞行规则，规范不同类型航空器的飞行航线和高度，防止冲突与干扰。

（二）健全监管与执法机制

明确监管职责，加强对各类飞行活动的监管力度，包括民用航空器、无人机和其他低空飞行器的使用。

对违规飞行行为实施有效处罚和纠正措施，确保规章制度严格落实。

（三）推广先进的通信与监视技术

建立全面的低空监测网络，推广低空雷达、广播式自动相关监视（ADS-B）系统，实时监控飞行活动。

利用先进的通信手段，确保地面与飞行器之间实现实时、稳定的信息交换。

（四）加强无人机管控技术

推广电子围栏技术，限制无人机进入机场、军事区域、人口密集区等敏感区域。

开发和部署无人机反制设备，有效应对非法无人机扰乱空域秩序的情况。

（五）提高飞行员培训与认证标准

加强飞行人员资格认证和培训管理，确保所有飞行人员具备足够的专业技能和应急处理能力。

定期组织安全教育和演练，提高飞行员的安全意识和风险防范能力。

（六）优化气象服务保障

提高低空飞行气象服务的精确性，定时发布低空飞行相关的天气预报和灾害预警。

建设专门针对低空飞行的气象监测与预警系统，降低天气变化对飞行活动造成的不利影响。

（七）强化技术创新和应用

鼓励低空飞行安全相关技术的创新研发，支持企业研发更安全、更高效的飞行技术和产品。

推进新兴技术（如人工智能、大数据）的应用，提升低空安全管理的智能化水平。

（八）建立应急处置体系

完善低空飞行事故应急预案，建立快速反应机制和事故处理标准化流程。

建立应急救援体系，配置专业救援力量，配备必要的救援设备，提高事故处置效率。

（九）提升公众安全意识

加强对公众的宣传教育，提高全民对低空飞行安全的理解和配合程度。

鼓励公众举报非法飞行行为，形成群防群治的安全监督网络。

（十）加强国际交流合作

与国际组织和其他国家开展低空飞行安全领域的合作交流，借鉴国外先进经验，提升国内的安全管理水平。

推动国际标准和规则的研究与制定，提升中国在全球低空飞行安全治理中的话语权。

通过以上综合措施，可以有效减少低空飞行活动的安全风险，保障低空经济和产业的健康发展，创造安全、有序的低空飞行环境。

056 如何有效提升低空经济的社会接受度？

有效提升低空经济的社会接受度，需系统综合地从公众认知、政策环境、技术安全、产业协作和利益共享等多个维度进行深入分析与策略规划。

提升社会公众对低空经济的认知与理解至关重要。目前，公众对低空经济的认知仍处于初级阶段，部分民众甚至存在误解和排斥情绪，这严重制约了低空经济的落地和发展。因此，需要通过多渠道、多形式的科普宣传与公众教育，提高社会认知水平。一方面，政府与行业组织应积极开展低空经济知识普及，通过主流媒体、社交平台、社区活动、学校教育等多元渠道传播相关知识。另一方面，针对社会关注的焦点问题，如安全风险、噪声影响、隐私保护等，应组织专家学者与产业从业者进行公开交流和讨论，以专业客观的解读消除社会顾虑。

完善政策与法律环境是提升低空经济社会接受度的关键因素。当前，低空经济的发展在一定程度上仍面临政策法规的不确定性和空白地带，如低空空域管理规范、飞行许可机制、飞行安全监管等问题。因此，政府部门应尽快完善相关政策法规体系，出台明确的低空经济发展指导意见和产业扶持政策。同时，政府也需积极探索开放有序的低空空域管理模式，建立清晰的飞行审批流程和便捷的服务机制，降低企业和社会进入该领域的制度门槛。

技术安全保障是赢得公众信任、提高社会接受度的重要基础。公众最为担忧的便是低空经济带来的潜在安全隐患，如坠落事故、空中碰撞、隐私侵犯等问题。因此，产业界需要加大技术研发投入，推动无人机与通航飞行器的安全技术革新，如智能避障系统、精确导航系统、实时监测与管控系统等，确保低空飞行的安全性和可靠性。此外，政府和相关部门还应建立完善的安全监管体系和风险管理制度，及时应对事故和突发事件，保障公众生命财产安全。

加强产业协作与应用场景拓展，也是提高社会接受度的有效路径。低空经济的社会接受度很大程度上取决于它能否产生真实、显著的社会经济价值。为此，需要积极推动低空经济与传统产业的融合，如低空旅游、农业植保、医疗急救、物流配送、环境监测等领域，打造可复制的成功示范项目，让公众直观看到低空经济带来的具体效益。此外，也可以通过产业联盟、创新平台、示范园区等形式，加强企业之间、企业与科研院校之间的协作，形成良性的产业生态。

利益共享机制的构建对于提高低空经济社会接受度不可或缺。当普通公众能够切实地从低空经济发展中获益时，社会的接受度自然会提高。例如，通过低空旅游等项目为当地居民提供就业机会和收入来源；在农业领域，通过无人机植保技术降低农户成本，提高农业生产效率和收益；在物流配送领域，通过低空无人机送货降低偏远地区的物资流通成本。由此，公众在利益上的实实在在获得，将极大提升社会对低空经济的认同感与支持度。

总而言之，要有效提升低空经济的社会接受度，必须从认知普及、政策保障、技术安全、产业协作及利益共享五个方面系统推进，形成全社会共同参与、利益共享、风险共担的良性互动格局。只有这样，低空经济才能真正融入社会发展，形成健康、可持续的繁荣局面。

057　低空经济如何应对空域资源的竞争与协调？

低空经济的发展速度远超传统空域管理体系的适应能力，各类无人机、空中出租车、物流飞行器等相继投入商用，对空域资源的需求迅速增长，带来了前所未有的竞争压力。空域资源有限，如何在安全、高效的前提下协调各方需求，成为低空经济健康发展的关键。

（一）空域资源的有限性与冲突

低空空域并非完全开放，而是受到传统航空业、军事管制、城市建筑密度等因素的制约。在部分国家和地区，低空空域仍然属于军方或民航的严格管控范围，商业飞行活动必须与现有空域使用者协调，确保不干扰既有航空航线和安全规则。同时，低空飞行器密度增加后，空中交通管理的复杂度也大幅上升，可能导致飞行冲突、通信干扰、事故风险上升等问题。

（二）空域管理模式的改革与适应

传统的空域管理模式以有人驾驶航空器为核心，低空无人机和自动驾驶飞行器的加入，要求空域管理更加精细化、动态化。部分国家已经开始推行低空空域分类管理，例如，将空域划分为受控、限制和开放区域，允许低风险飞行器在特定空域自主运行，简化审批流程，提高运营效率。此外，一些国家在试验城市空中交通（UAM）系统，建立专门的低空走廊和飞行通道，为未来规模化低空运输铺路。

（三）智能化空域管理技术的应用

传统航空管制依赖人工指挥和雷达监测，低空经济发展需要更先进的智能化管理方式。例如，基于人工智能和物联网的空域管理系统可以实时监控飞行器位置、飞行状态，并通过大数据分析优化空域分配。无人机交通管理系统（UTM）被视为未来低空空域协调的关键技术，允许自动化系统动态调整飞行路线，减少人工干预，提高飞行安全性和空域利用率。

（四）空域资源的市场化配置

在部分地区，低空空域资源已经开始引入市场机制进行优化。例如，一些国家尝试以许可或竞标的方式分配特定航线资源，确保高价值空域由更具经济效益的项目优先使用。此外，动态空域租赁制度也在探索中，即在特定时间段向不同运营商开放不同空域，提高空域使用效率，避免资源闲置或过度竞争。

（五）政府、企业与社会协同管理

低空经济的发展涉及政府监管部门、航空企业、技术公司和社会公众多方利益，单靠政府行政管理难以满足市场需求，需要建立多层次的治理体系。例如，通过政府主导、企业参与的合作模式，推动低空空域基础设施建设，如低空导航系统、空中交通控制平台等。同时，社会公众对低空飞行的安全性和隐私保护的关注较高，政府和企业需要共同制定合理的飞行规则、数据安全标准，以减少公众对低空经济的抵触情绪。

（六）技术、政策、市场的协同发展

低空经济的健康发展，需要空域管理技术、监管政策和市场机制的同步优化。技术层面，推动智能化管理系统，提高空域利用效率；政策层面，调整法律法规，为低空经济提供适应性的监管框架；市场层面，鼓励多主体参与，构建公平竞争环境。只有多方面协调推进，才能让低空经济在有限的空域资源下实现可持续增长。

058 哪些政策有助于低空经济健康发展?

低空经济的快速发展需要一系列政策支持，以确保行业规范、安全、高效，并具有可持续性。从空域管理、基础设施建设、技术标准、市场监管到法律法规等多个方面，政府的政策引导和支持对于低空经济的成长至关重要。

（一）空域管理政策的优化

低空空域的开放程度直接决定了低空经济的成长空间。合理的空域管理政策可以平衡安全与效率，提高低空飞行器的运行自由度。建立分级管理制度，根据空域使用的风险级别划分不同类别，例如设立低风险开放空域、受限管理空域和高安全管控空域，使低空飞行更加灵活。通过动态空域管理系统，不同类别的飞行器能够共享空域资源，减少空域竞争冲突，提高运行效率。

（二）空域审批与运营许可的简化

传统空域管理体系主要为有人驾驶航空器设计，审批流程较复杂，不适用于大规模低空飞行。优化审批流程，例如采用数字化平台，实现在线快速审批，减少低空运营企业的时间成本。引入飞行计划自动审批系统，使无人机和城市空中交通（UAM）能够在符合安全要求的前提下即时获得飞行许可，提高行业运作效率。

（三）低空基础设施建设的支持政策

低空经济的发展需要完善的基础设施，包括无人机专用航线、低空导航系统、空域监测网络等。政府可以通过政策引导，加快低空空管系统建设，支持智慧空管系统和低空飞行器专用机场的布局。通过鼓励公私合营（PPP）模式，引导企业投资低空基础设施建设，确保空域管理和运营体系的完善。

（四）低空飞行的安全与监管政策

安全问题是低空经济发展的核心挑战之一，需要建立健全安全管理体系。制定低空飞行安全标准，明确低空飞行器的制造、维护、运营、驾驶员培训等要求。加强低空空域监测和通信系统建设，推行电子围栏技术，确保无人机等低空飞行器在指定空域内运行。对特定区域（如机场、军事基地、城市人口密集区）实施动态飞行限制，同时提供应急处理方案，提高低空飞行的安全性和可控性。

（五）产业扶持与创新激励政策

低空经济涵盖无人机物流、空中出租车、低空旅游、农业植保等多个产业方向，需要政府的政策支持推动行业创新。提供财政补贴和税收优惠，鼓励企业投入低空飞行器研发和应用。设立低空经济产业园区，为企业提供试飞场地、研发补贴和融资支持。支持科技创新，推动电动垂直起降飞行器（eVTOL）等新技术的发展，并鼓励智能飞行管理系统、人工智能调度等前沿技术应用。

（六）市场化机制的引入

合理的市场机制可以促进低空经济的健康发展。建立低空飞行服务市场，允许企业通过竞标获取特定空域的运营权，提高资源配置效率。制定无人机快递、空中出租车等领域的收费标准，确保市场竞争合理。允许符合要求的企业进入低空交通调度市场，提供商业化空域管理服务，提高行业运营效率。

（七）法律法规的完善

低空经济涉及空域管理、安全监管、数据隐私等多个法律领域，需要完善的法律体系提供支撑。明确低空飞行责任界限，例如发生事故时，如何划分无人机运营方、制造商、空域管理方等的责任。设立低空飞行标准，要求所有商业运营的飞行器符合特定安全和技术要求。加强隐私保护政策，明确无人机航拍、数据存储、信息共享的法律边界，确保公众隐私权不被侵犯。

（八）公众接受度与社会管理

低空经济的推广需要公众的接受和支持。政府可以制定低空飞行管理规则，例如，无人机不得在特定时间或区域内低空飞行，减少对居民的影响。加强宣传，让公众了解低空经济的安全性和社会价值，提高社会接受度。设立公众投诉和反馈机制，及时处理低空飞行产生的社会问题，如噪声污染、隐私侵害等，确保低空经济的发展与公众利益相协调。

政府政策的合理规划与有效执行，能够为低空经济创造稳定的制度环境，推动产业快速成长。通过优化空域管理、完善基础设施、加强安全监管、支持科技创新、完善法律法规、促进国际合作，低空经济将迎来更广阔的发展空间。

第六章

低空经济的社会影响

059　低空经济如何推动社会智能化发展?

低空经济通过无人机、电动飞行器和相关智能技术的应用，在城市管理、公共服务、环境保护等领域推动了社会的智能化发展，为构建高效、智能的社会系统提供了新路径。

（一）提升城市管理效率

智慧城市建设：无人机在交通监控、环境监测、安防巡逻等领域应用广泛，为城市管理提供实时数据。例如，通过无人机实时监控交通流量，优化交通信号灯控制策略，减少城市交通拥堵。

智能公共服务：无人机在应急救援、快递配送等场景中实现了高效运作。例如，在洪水灾害中，无人机能够快速侦察灾情并运送物资，提高救援效率。

（二）支持精准农业

无人机结合人工智能实现农业的数字化转型，通过精准施肥、喷洒农药、实时监测作物健康状况，大幅提升了农业生产效率，减少了资源浪费。

（三）促进公共安全与应急响应

在火灾、地震等突发事件中，无人机作为快速响应工具，能迅速获取现场数据，为救援决策提供依据。例如，森林火灾的无人机监控通过热成像技术迅速定位火源，协助消防人员采取灭火措施。

（四）实现环境智能化监测

空气质量监测：无人机可搭载传感器，实时监控城市空气污染情况，为环保决策提供数据支持。

水资源管理：低空飞行器能够对水库、湖泊等水域进行巡查和水质分析，优化水资源分配和保护。

（五）未来展望

随着低空经济技术的不断成熟和普及，社会的智能化程度将进一步提升。低空飞行器将在更多场景中实现自动化操作，为构建智慧社会提供关键技术支持。

060　低空经济是否会改变城市交通的格局？

低空经济正在重塑城市交通格局，特别是在物流配送和短途出行领域，通过引入空中交通系统（如eVTOL和无人机配送），减小地面交通压力，提高运输效率。

（一）空中交通网络的构建

短途空中交通（UAM）：电动垂直起降飞行器（eVTOL）将成为城市空中交通的重要组成部分，为城市居民提供快捷的通勤服务。例如，从市中心到机场的空中接驳仅需15分钟。

空中货运：低空经济通过无人机构建物流网络，打通城市的“最后一公里”配送。

（二）缓解地面交通压力

减少物流车辆：通过无人机配送减少传统货车的使用，降低交通拥堵。

优化通勤效率：eVTOL提供的空中交通方式可以避开地

面交通拥堵，为城市居民节省通勤时间。

（三）面临的挑战

空域管理：空中交通系统需要高效的空域管理，以确保多飞行器运行的安全性。

公众接受度：eVTOL等飞行器的噪声问题可能引发公众不满，需要技术突破和政策引导。

（四）未来趋势

空中交通系统将成为城市综合交通网络的重要补充，与地面交通协同发展。未来，城市交通将呈现地面与空中立体化的格局。

061 低空经济对普通民众有何影响？

低空经济的快速发展不仅改变了商业运营模式，也对普通民众的日常生活产生了深远影响，从物流、出行到社会服务，提升了生活便利性和效率。

（一）提升物流服务体验

无人机配送使得“最后一公里”配送更加高效，消费者可以享受到更快速的电商购物体验。

偏远地区的居民通过无人机物流，能够更便捷地获得生活必需品和医疗物资。

（二）创造新型出行方式

空中出租车和eVTOL为普通民众提供了全新的通勤选择，特别是在交通拥堵的城市地区。

（三）增强社会服务能力

无人机在医疗物资配送、疫苗运输等公共服务中的应用，提升了居民的安全感和幸福感。

在智慧社区中，无人机参与安防巡逻和环境监测，提升了居民的生活质量。

（四）带来就业机会

低空经济的发展催生了大量新职业，例如无人机操作员、数据分析师和飞行器维修工程师，为普通民众提供了更多就业选择。

（五）未来展望

低空经济将逐步融入普通民众的生活，从物流、出行到智慧服务，各类应用场景将不断丰富，为社会带来更多便利和创新。

062 如何评估低空经济对环境的影响？

低空经济的发展既带来了积极的环保效益，也对环境保护提出了新的挑战。评估其对环境的影响需要从能源消耗、碳排放、资源利用和生态保护等多个维度进行。

（一）积极影响

1.减少碳排放

新能源技术应用：低空经济逐步采用电动推进系统（如eVTOL）和新能源技术（如氢燃料电池），减少了传统燃油交通工具的碳排放。

优化物流路径：无人机配送通过高效的飞行路径减少了货车和摩托车的使用，减少了温室气体排放。

2. 提高资源利用效率

无人机的精准农业技术减少了农药和化肥的使用量，降低了化学物质对土壤和水体的污染。

在巡检和监测领域，无人机代替传统的人工巡检模式，显著节省了时间和资源。

3. 促进环境监测

大气污染监测：无人机搭载传感器实时监测空气中的颗粒物和污染物，为环保决策提供数据支持。

水体和森林监测：低空飞行器帮助监测水资源分布和森林健康状况，支持生态保护工作。

（二）潜在挑战

能源消耗：尽管电动无人机和飞行器减少了碳排放，但其电池制造和充电过程可能增加能源需求，特别是在电网依赖化石燃料的情况下。

噪声污染：无人机和eVTOL的运行会产生噪声，尤其是在城市空中交通中，可能对居民生活造成影响。

废弃物管理：无人机和飞行器的电池、传感器等部件在使用寿命结束后需要妥善处理，否则可能对环境造成污染。

（三）解决路径

推动绿色能源转型：大力发展可再生能源，如太阳能和风能，为低空经济提供绿色电力。推广氢燃料电池技术，减少对锂电池的依赖。

优化噪声控制技术：开发低噪声飞行器，通过改进螺旋桨设计和优化飞行路径，降低运行噪声。

实现循环经济：推动电池回收技术，建立完整的零部件回收利用体系，减小废弃物对环境的影响。

加强环境影响评估：在低空经济项目规划阶段开展全面的环境影响评估，确保其符合可持续发展要求。

063 低空经济如何促进公共服务的效率提升？

低空经济在公共服务领域的广泛应用，不仅提高了服务效率，还增强了政府和社会机构的应急响应能力。

（一）应急救援与灾害管理

快速灾情侦察：无人机能够迅速进入灾区，获取高分辨率的图像和视频，为救援决策提供数据支持。

物资运输：在地震、洪水等灾害中，低空飞行器可以快速运输医疗物资和生活必需品。

（二）城市管理与安防

交通监控与疏导：无人机实时监控城市交通状况，辅助交警优化信号灯设置，快速疏导交通。

社区巡逻与安防：在智慧社区中，无人机参与安防巡逻，发现异常情况时自动报警，提升了居民的安全感。

（三）医疗与健康服务

医疗物资配送：无人机可以在偏远地区和医疗设施之间建立高效的配送网络，确保急需药品和器械的及时供应。

公共卫生监测：无人机通过红外摄像头和传感器，监测疫情高发地区的人群流动和体温分布，为公共卫生防控提供支持。

（四）环境保护与资源管理

非法活动监控：无人机监测森林、矿区等资源敏感区域，发现非法伐木、采矿活动，为相关人员提供执法依据。

生态保护服务：飞行器帮助监测野生动物活动和栖息

地变化，为生物多样性保护提供数据支持。

（五）救援成本与效率的平衡

低空经济显著降低了传统公共服务的成本。例如，无人机用于巡检替代人工巡视，大幅减少了时间和人力资源的浪费，同时提升了效率和精准性。

064 低空经济是否能解决“最后一公里”的物流问题？

“最后一公里”物流问题是现代物流行业面临的核心挑战之一，尤其是在城市高密度区域、农村偏远地区以及交通不便的地带，传统物流模式效率低、成本高。低空经济通过无人机和其他低空飞行器提供了高效、灵活的解决方案。

（一）低空经济解决“最后一公里”物流问题的优势

高效配送：无人机能够绕过地面交通拥堵路段，采用最短路径完成配送，大幅缩短运输时间。例如，城市中心的快递配送可直接从仓库飞往居民楼顶部，实现无缝衔接。

灵活性：无人机可以在偏远地区和复杂地形中灵活操作，例如山区和孤岛，对于传统车辆难以到达的区域也能实现配送。

降低运营成本：与人力配送相比，无人机配送的运营成本更低，特别是在用工短缺的地区，自动化无人机可以替代人力完成大部分配送任务。

环保效益：无人机以电池为动力源，相较于传统配送车辆，其碳排放量更低，有助于实现绿色物流。

（二）面临的挑战

空域管理：无人机配送需要得到空域监管部门的许可，特别是在城市中心等人口密集区域，空域使用限制较大。

技术限制：当前，无人机的载重和续航能力有限，适合配送轻量化、高价值的商品，如药品、电子产品等，但对于大宗商品的配送仍有局限性。

（三）安全与隐私

无人机配送可能面临飞行器坠落的安全风险，同时公众对无人机可能侵犯隐私的担忧也影响其大规模推广。

（四）配套设施不足

起降点、充电站等基础设施的缺失限制了无人机配送的普及。

065 低空经济能否为经济欠发达地区带来新的经济机会？

低空经济的广泛应用不仅推动了经济增长，还为经济欠发达地区提供了新的发展机遇，通过技术普及、产业培育和基础设施改善，帮助贫困地区实现产业升级和社会进步。

（一）提升物流和供应链效率

解决物流瓶颈：无人机能够突破交通不便的限制，为贫困地区提供高效的物流服务。例如，通过无人机将农产品配送到城市市场，缩短供应链时间，提高产品附加值。

医疗物资配送：在医疗资源稀缺的地区，无人机可以快速配送疫苗、药品和医疗设备，提高公共卫生水平。

（二）推动农业现代化

精准农业：植保无人机在贫困地区的推广能够显著提高农业生产效率，减少资源浪费，降低生产成本。

农业数据服务：通过无人机监测作物生长情况，帮助农民优化耕种方案，提高产量和收入。

（三）促进就业和创业

新职业机会：低空经济带来了无人机操作员、维修工程师等新职业，为贫困地区的居民提供了技能培训和就业机会。

创业支持：政府和企业可通过扶持无人机服务创业项目，推动当地经济自主发展。例如，建立无人机租赁和培训中心，服务区域农业和物流需求。

（四）基础设施建设

低空经济的发展需要建立配套基础设施，如物流分拣中心、无人机停机坪等，这些项目的建设可以直接带动当地的就业和经济发展。

（五）未来发展路径

政策支持：政府可通过补贴和优惠政策，鼓励企业将无人机物流和农业服务推广至欠发达地区。

技术培训：建立培训机构，为当地居民提供技能培训，提升就业竞争力。

市场对接：利用低空经济技术，将贫困地区的农产品和手工艺品快速对接城市市场，增加销售渠道。

低空经济为贫困地区提供了新的经济机会，技术和产业相结合，能够有效改善当地经济环境，实现包容性增长。

066 低空经济在灾难应急管理中有何作用？

低空经济在灾难应急管理中表现出了显著的优势。无人机和低空飞行器的灵活性、高效性和精准性，能够为灾害预警、现场侦察、物资运输和救援行动提供全面支持。

（一）灾难应急的主要应用场景

1. 灾情侦察

实时数据收集：无人机可以迅速进入灾区，拍摄高分辨率图像和视频，生成灾害地图，为救援行动提供实时数据支持。

复杂地形探索：在地震、山体滑坡等灾害中，无人机能够进入传统救援工具难以到达的区域，为指挥中心提供准确的地理信息。

2. 紧急物资运输

医疗物资配送：无人机可以快速运输药品、急救设备等紧急物资，特别适合道路受阻或偏远地区。

救生物资投送：低空飞行器能够将食物、水和防护工具精准投放至灾民所在地，减少资源浪费。

3. 人员搜救

热成像技术：无人机通过红外传感器和热成像技术，能在夜间或烟雾弥漫的环境中快速发现被困人员。

救援导航：飞行器实时传输影像，帮助地面救援队规划最佳路线，提高救援效率。

4. 灾害预警

气象监测：无人机可以对风速、气压、湿度等关键气象参数进行实时监测，提供早期预警。

环境监控：低空飞行器监测山体稳定性、河流水位等环境变化，提前预测潜在灾害风险。

（二）低空经济的优势

高效响应：无人机能够迅速部署到灾区，大幅缩短应急响应时间。

成本可控：相较于传统的直升机和重型运输工具，无人机的运行成本更低，适合大规模使用。

灵活机动：无人机的体积小、操作灵活，能够进入复杂或危险的地形。

数据实时性：无人机能够将现场信息实时传回指挥中心，支持救援决策。

（三）面临的挑战

飞行限制：空域管理限制可能影响无人机在灾区的部署，特别是在人口密集的城市区域。

技术瓶颈：无人机的续航能力和载重限制可能影响其在长时间和高强度任务中的表现。

数据传输可靠性：在灾害发生时，通信网络可能中断，影响无人机的数据传输效率。

（四）未来发展方向

加强技术创新：开发具备更强续航能力、更大载重量的无人机，适应复杂的救援需求。推动通信技术突破，确保灾区数据传输的稳定性。

构建协同机制：建立无人机与地面救援队之间的高效协同机制，提高整体救援效率。

建立应急响应网络：在高风险区域预先部署无人机救援网络，通过快速响应减少灾害损失。

提升公众认知：推广无人机在应急管理中的应用，提升公众对低空经济的支持和接受度。

067　低空经济如何影响传统就业市场？

低空经济是一种新兴的经济形态，主要是指利用低空空域（一般在1000米以下）进行的一系列经济活动，如无人机运输、通用航空服务、空中旅游、农林喷洒、应急救援等。这种新兴经济形态的迅速崛起，正在深刻影响传统就业市场，对传统运输业产生了明显的冲击。

低空经济的兴起，直接导致了一些传统就业岗位的转变或淘汰。以农业领域为例，过去大量的喷洒作业依靠人工或机械化设备进行，而无人机的引入极大提高了工作效率，传统的农药喷洒工人、人工巡查员岗位明显减少。无人机喷洒不仅更精确高效，也避免了人力作业中的风险，会逐步取代传统的农林植保岗位。同时，由于无人机对操作人员技术要求较高，大量低技能劳动力面临被淘汰的风险，而具备无人机操控、维护保养技能的专业人才需求则急剧增加，形成了传统就业岗位萎缩、新技术岗位崛起的明显就业转型现象。

另外，低空经济的发展直接促进了就业结构朝高端化、专业化方向转型。以通用航空业为例，随着低空飞行活动的增加，飞行员、地勤人员、航空器维修保养人员、空管人员等高技能岗位需求显著增长。与传统就业市场中普遍存在的低门槛劳动力需求不同，这些岗位通常需要严格的职业培训和资质认证，进一步推动就业市场的专业化发展。然而，这也意味着传统劳动力，尤其是非技术类劳动力面临较大的转岗挑战，形成了新的就业结构性矛盾。这种就业市场的两极分化日趋明显，高技能、高薪岗位逐渐增多，而低技能岗位则进一步减少，可能加剧社会就业的不平衡现象。

从另一个角度看，低空经济也带来了就业机会的再分配和地区就业市场的重新布局。过去许多偏远或经济欠发达地区，由于交通不便，经济发展受到严重制约。低空运输和无人机物流的发展则改变了这一现状。无人机物流能够快速、灵活地覆盖传统交通网络难以企及的偏远地区，比如山区、岛屿等地带。这种新业态有效弥补了交通基础设施薄弱地区的经济短板，带动当地新的就业岗位出现，包括物流配送人员、维护和技术支持人员，以及与之相关的培训和服务人员，从而在一定程度上解决区域经济发展不均衡问题。

由低空经济对传统运输业的影响可以看出，这种经济模式极大地拓展了交通运输方式和运输网络的多样性，带来了全新的竞争与合作格局。过去，传统运输业以公路、铁路和水运为主导，而低空经济的崛起使得航空运输（特别是小型通航运输和无人机运输）变得日益普遍。这种变化对传统公路运输企业构成了竞争压力，尤其是在短途、偏远地区和交通不便区域，无人机运输的快捷、精准和成本优势显现明显，对依赖传统汽车运输的企业形成了较大替代效应。此外，一些传统物流企业开始转型升级，通过增加无人机配送服务来保持市场竞争力，这也迫使传统企业不得不加快技术创新和运营模式的转型升级。

同时，传统运输业也逐渐与低空经济融合发展，以降低自身被替代的风险。例如，一些大型物流企业，如顺丰、京东等，已经开始广泛应用无人机进行“最后一公里”配送，这种结合推动了物流运输行业朝智能化、科技化方向发展。传统企业通过与低空经济模式融合，不仅提高了运输效率，也创造了新的业务增长点和就业机会，包括无人机操控人员、数据分析师、智能调度员等岗位需求不断增长。相应地，传统从事货车运输的驾驶员、快递员则面临就业转型压力，需要通过技能培训适应新的智能物流模式。

低空经济也对传统运输业的基础设施布局提出新的要求。为满足无人机、通用航空器的使用需求，地方政府和企业必须增加对航空管制设施、小型机场、充电和维护站点的投入，这也直接带动了基础设施建设相关产业的就业增长。与此同时，传统运输业的基础设施建设也开始考虑如何与无人航空协同，比如在高速公路旁建立无人机起降点等。这种基础设施的升级改造，既提供了新的就业岗位，也推动了产业链上下游的广泛融合。

然而，低空经济对传统就业市场的冲击和重构过程也伴随一些挑战。一方面，是技能人才的短缺，目前，与低空经济相关的技能培训体系尚未健全，高技能人才储备不足，对就业市场产生结构性矛盾。另一方面，无人机、通用航空的发展也产生了监管、空域管理等问题，政府对这一领域的政策支持和监管体系的建设仍需进一步完善，法律法规尚需明确。这些问题如果不能及时解决，将制约低空经济对就业市场积极作用的发挥。

综上所述，低空经济的崛起正在深刻改变传统就业市场格局，对传统运输业产生了颠覆性影响。虽然存在一定的挑战，但长期来看，其对就业市场的整体影响仍然偏向积极，为经济结构调整和就业质量提升提供了新的契机。

068 低空经济能否在应急救援体系建设中发挥更大作用？

低空经济的快速发展为应急救援提供了新的技术手段和解决方案。在自然灾害、事故救援、医疗急救、治安维稳等场景中，无人机、eVTOL（电动垂直起降飞行器）等低空飞行器能够以更高的效率、更灵活的方式执行任务。

（一）灾害救援中的应用

地震、洪水、森林火灾等自然灾害发生后，传统的救援方式往往受到道路损毁、地形复杂、通信中断等因素的影响，导致救援进度受阻。低空飞行器能够快速进入受灾区域，提供实时监测、人员搜救、物资投送等服务。例如，在地震灾区，无人机可以搭载高清摄像头、红外传感器，对废墟下的生命迹象进行探测，帮助救援人员精准定位被困人员。在洪水灾害中，无人机可以提供空中侦察，勘测水流走势，指导救援队伍制定最优救援路线。

（二）医疗急救和物资投送

应急医疗救援的“黄金时间”极为重要，尤其是在远离医院的偏远地区或交通受阻的环境下。无人机可以承担紧急医疗物资运输任务，快速将止血药品、自动体外除颤器（AED）、抗生素等救援物资送达患者所在位置，提高生存率。例如，在欧美多个城市，无人机已经被用于AED的快速投送，使心搏骤停患者在救护车到达前获得紧急救助。在战区或极端环境下，无人机和eVTOL还可以作为“空中救护车”，执行伤员撤离任务，缩短救治时间。

（三）火灾扑救与环境监测

森林火灾、工业火灾发生后，消防队往往难以迅速掌握火情分布和蔓延趋势。无人机可以携带红外热成像设备，穿透烟雾，对火势进行实时监测，并向消防指挥中心传输高精度数据，帮助制定最优灭火方案。消防无人机还可以搭载灭火弹或灭火剂，对火源进行精准打击，尤其适用于高层建筑、石化工业区等难以接近的火灾现场。此外，在森林火灾防控方面，定期巡航的无人机可以提前发现火情，做到早期干预，减少火灾损失。

（四）突发事件与城市安全管理

重大活动安保、大规模人群疏散、突发恐怖袭击等场景需要快速响应，低空飞行器能够提供更高效的监控和应急指挥支持。大型体育赛事、演唱会、节庆活动期间，无人机可以在空中进行实时巡逻，监控人流情况，及时发现异常情况并通知地面安保人员。在恐怖袭击或暴力犯罪事件中，低空飞行器可以承担远程侦察任务，为警方提供实时视频数据，减少人员伤亡风险。在突发事件应对方面，eVTOL载人飞行器未来可以作为应急运输工具，快速投送救援人员、装备和物资。

（五）通信恢复与信息传递

灾害发生后，通信基础设施往往遭到破坏，导致信息传递受阻，影响救援效率。低空通信无人机可以充当临时移动信号基站，在短时间内恢复受灾地区的无线网络，保障灾区人员与外界联系。例如，在地震、飓风等灾害后，美国和日本的救援队已经多次使用通信无人机提供应急Wi-Fi和5G信号，支持救援人员的协调工作。未来，低空通信网络的发展可以进一步扩大应急通信的覆盖范围，提高灾害应对能力。

（六）低空救援体系的挑战与未来发展

低空飞行器在应急救援中的应用潜力巨大，但仍然面临一定挑战。空域管理限制是一个主要障碍，当前，多数国家的低空空域仍受严格管控，救援无人机和eVTOL的使用需要获得特别许可，影响紧急救援的反应速度。此外，续航能力、抗干扰能力、夜间作业能力等技术仍需进一步优化。未来，可以通过设立应急空域管理体系，简化救援无人机和eVTOL的审批流程，并加强电池技术、AI自动飞行系统等方面的研发，提高低空飞行器的适应性。

低空经济的发展正在重塑应急救援体系，使救援速度更快、覆盖范围更广、执行成本更低。随着政策法规的完善和技术的进步，低空经济将在未来应急救援体系中扮演越来越重要的角色。

第七章

低空经济的未来发展趋势

069　低空经济未来的发展方向是什么？

低空经济作为一个新兴产业，其未来发展方向集中在技术创新、市场拓展、政策优化和跨行业协同上。以下是几个主要发展方向。

（一）技术升级与多场景应用

无人机自动化：未来无人机的自动驾驶和智能避障技术将更加成熟，适应更复杂的场景需求。例如，在城市物流中，能够自动规划路径、动态避障的无人机将成为主流。

电动飞行器普及化：eVTOL等电动飞行器将在短途通勤、物流和救援等场景中普及，为城市空中交通（UAM）提供支撑。

技术多元化：低空经济将进一步整合AI、区块链、5G通信等技术，提升飞行器运行效率和数据安全性。

（二）市场拓展

农村与偏远地区：无人机在农业植保、物流配送中的应用将逐步从试点推广到全国乃至全球，为偏远地区经济发展注入活力。

跨境运营：低空经济的国际化运营将成为新趋势。例如，跨国无人机物流网络的建立将大幅提升国际贸易效率。

（三）绿色与可持续发展

新能源飞行器：采用氢燃料电池和太阳能技术的飞行器将逐步取代传统电动飞行器，进一步降低碳排放。

环境监测与保护：低空经济将在全球气候变化监测、自然灾害预测和生态环境保护中发挥更大作用。

（四）跨行业协同

智慧城市建设：低空经济与智慧城市的融合将更加紧密，通过低空飞行器支持交通管理、物流配送和公共安全等领域。

传统行业转型：物流、农业、能源等传统行业将因低空经济的介入迎来数字化和智能化转型。

070 低空经济的发展是否会改变传统行业格局?

低空经济作为近年来兴起的一种新型经济形态，以航空器在1000米以下空域范围内的活动为核心，包括通用航空、无人机、通用航空制造、航空运动、通用航空服务、航空旅游、应急救援、空中物流配送、飞行培训以及无人机应用等多个领域，日益成为推动经济转型和产业升级的新引擎。低空经济的快速发展，不仅代表了新兴产业自身的崛起，也必然对传统产业，特别是运输行业产生深远影响。

回顾交通运输行业发展史，每一次技术创新都伴随行业格局的巨大调整。19世纪铁路的出现取代了马车运输；20世纪初汽车取代铁路成为中短距离运输的主导方式；20世纪中叶航空运输的兴起，又极大地冲击了远距离交通运输市场。同理，随着低空经济的逐步兴起，无人机、轻型飞机、通用航空等新型航空运输工具的普及，必将再次推动运输产业格局的重构。

从当前趋势看，低空经济最直接的影响体现在物流配送领域。过去，传统物流企业依赖地面交通工具，如卡车、摩托车，完成商品的运输及末端配送。然而，受交通拥堵、路况不佳等因素影响，地面物流普遍存在效率低、成本高等缺陷。而低空经济背景下，以无人机为代表的新型配送模式已经逐渐开始规模化应用，尤其是在电商物流、医疗急救物资配送、乡村地区货物运输等领域优势明显。例如，近年来国内外一些电商平台都已启动无人机物流配送试点，大幅度缩短了配送时间，也降低了企业运营成本。特别是在农村和偏远地区，空中运输相较于传统地面运输更具时效性和经济性。由此带来的效率提升与成本优势，将促使传统物流行业重新思考并调整自身战略布局，一部分物流企业甚至可能面临淘汰或被迫转型。

低空经济对传统运输业的影响也体现在交通基础设施的建设和运营上。随着低空飞行器的增多，各类适应低空飞行的机场、临时起降点、无人机物流枢纽等基础设施建设需求明显增加。传统交通企业或相关部门，可能需要参与甚至主导这些新型基础设施建设与运营，从而带动传统产业链条的延伸和扩展。与此同时，低空经济的发展也可能导致传统道路、桥梁、港口等基础设施建设需求的降低，交通运输领域的投资结构也会随之发生变化，资金和资源可能更多地流向航空领域。

航空救援与应急响应同样也因低空经济发展迎来了转折点。传统应急救援依靠地面救援车队、消防车辆等，在交通堵塞或地形复杂的情况下，响应速度难以保障，效率有限。随着低空飞行器的投入使用，直升机、无人机等通用航空器已广泛应用于救援领域，例如紧急医疗救援、森林灭火、灾后物资快速投送等。航空救援有效克服了地面交通的瓶颈，尤其是在地震、洪灾等重大灾害场景下，可以快速抵达救援现场，大幅提升救援效率，挽救更多生命。长期来看，这种模式将促使传统应急救援体系进行调整，形成空中与地面联动的立体化救援体系。

从商业模式的演变来看，低空经济的发展还可能引发运输行业运营模式的变革。传统运输企业主要收入来自货物与人员运输业务，而低空经济的发展使“出行+体验”的组合新模式逐渐兴起。例如，低空旅游业快速兴起，直升机观光、热气球旅行、无人机航拍等项目逐步进入大众视野，开辟了新的商业空间。部分运输企业也开始涉足低空旅游领域，通过拓展服务内容，将传统单一的运输服务朝休闲、旅游体验方向转型，形成复合型产业链。这不仅意味着企业自身经营模式的转型，也将推动行业生态朝更加多元化的方向发展。

与此同时，低空经济也给传统运输业带来了全新的竞争压力。航空企业通过小型飞行器、无人机的应用，可以突破交通拥堵的限制，实现快捷运输。这将给以公路运输为主的短途客运和货运服务带来较大的冲击。传统汽车运输公司可能在部分领域面临客户流失、利润下降，甚至是产业萎缩的风险，倒逼其加速朝智能化、集约化、高效化转型，进而推动运输行业整体效率的提高。此外，部分汽车制造商、运输企业也会主动寻求合作，开发低空经济时代的多元化运输工具，探索陆空结合的新业务模式，谋求生存和发展。

人才结构变化也是低空经济影响传统运输业的表现之一。随着低空运输工具、低空飞行器及其配套产业的兴起，传统运输行业在人才需求结构上必然发生调整。过去以汽车驾驶员、物流配送人员为主体的人才结构可能逐步被拥有航空飞行驾驶、无人机操控、空中交通管制、低空运行管理等能力的人才取代或转化。传统运输企业若想在新格局下保持竞争力，势必要加大对新技术的投入和对复合型人才的培养力度。企业的培训体系也将逐步转型升级，更加注重技术型、知识型人才的储备与培养，以应对低空经济带来的新挑战。

与此同时，低空经济对传统运输业的影响还将伴随政策法规的调整。目前，国内外低空领域政策逐渐放开，尤其是低空空域的逐步开放，刺激了相关企业的积极性。但伴随而来的航空安全管理、飞行器监管、空域使用权分配等政策环境也将更加复杂。这要求传统运输企业不仅要及时关注政策变化，还要在合规运营、风险管控等方面投入更多资源。未来，企业之间的竞争不再仅限于运力、价格和服务，而是扩展到对政策导向、技术标准、市场准入门槛的把握，传统企业转型的迫切性进一步凸显。

整体来看，低空经济的兴起虽然仍处于早期阶段，但已经开始显现出对传统运输产业的强劲冲击与深远影响。从物流配送、基础设施建设、应急救援模式，到新商业模式拓展、人才培养乃至政策导向，都能看到低空经济渗透传统运输行业的痕迹。低空经济带来的并非单纯的产业竞争，而是技术变革背景下产业生态的全面重构。未来，低空经济的进一步成熟与广泛应用，将推动运输产业朝更高效率、更高质量、更融合的方向发展。传统运输企业需要积极应对这一变化趋势，不断创新、加快融合，才能在即将到来的低空经济时代赢得主动权，真正实现产业的转型升级和可持续发展。

071 未来低空经济是否会进入更多民用市场?

低空经济的民用市场正在快速扩大，未来将在物流、家用无人机、个性化交通工具等领域渗透更多民用场景。

家用无人机：家用无人机因价格下降和功能扩展，正在成为大众市场的消费热点。未来家用无人机将从航拍扩展到家庭安防、娱乐等领域。

城市通勤：eVTOL等电动飞行器的普及将使短途空中交通成为可能，尤其是在城市通勤、机场接驳等场景中，为中高端消费者提供高效、便捷的交通工具。

个性化服务：低空飞行器将广泛应用于个性化场景，例如婚礼航拍、定制物流配送、高端旅游服务等，满足消费者对独特体验的追求。

社区服务：在智能社区中，无人机将用于配送快递、监控安全、环境检测等，提高社区生活质量。

未来展望：随着技术进步和成本下降，低空经济的民用市场规模将持续扩大，未来将为消费者带来更多元化、个性化的服务。

072　低空经济的无人驾驶飞行器是否会成为主流？

无人驾驶飞行器在低空经济中具有重要地位，随着技术的不断进步和应用场景的扩展，它们有望成为低空经济的主流工具，推动物流、交通、公共服务等领域的变革。

（一）无人驾驶飞行器发展的驱动力

技术进步：人工智能和自动驾驶技术的突破使无人驾驶飞行器在避障、路径规划和环境感知等方面日趋成熟。例如，自动驾驶系统已经能够根据实时环境动态调整飞行路线。

成本下降：随着无人机和eVTOL生产规模的扩大，单位制造成本持续下降，使无人驾驶飞行器的商业化更加可行。

政策支持：许多国家的低空空域改革为无人驾驶飞行器的发展提供了政策保障。例如，美国FAA和欧盟EASA均推出试点计划，测试无人驾驶飞行器的安全性和商业潜力。

（二）潜在的主流化应用场景

物流配送：无人驾驶飞行器因快速、高效的特点在物流配送中有显著优势，尤其是在“最后一公里”配送和偏远地区的物流中。例如，亚马逊的Prime Air项目通过无人驾驶飞行器实现包裹的自动配送。

城市空中交通（UAM）：eVTOL等无人驾驶飞行器将逐步进入城市短途通勤市场，减少地面交通拥堵，提供高效的交通解决方案。

应急救援：在自然灾害或突发事件中，无人驾驶飞行器可以快速进入灾区，提供侦察和物资运输服务。

基础设施巡检：无人驾驶飞行器可以用于电力线路、石油管道和建筑的巡检，降低人力成本并提高效率。

农业植保：在农业领域，无人驾驶飞行器可以实现高效的喷洒、监测和数据采集。

（三）面临的挑战

安全性问题：无人驾驶飞行器需要高度可靠的避障和路径规划技术，防止与其他飞行器或建筑物发生碰撞。

监管障碍：由于无人驾驶飞行器涉及隐私、安全和空域使用等复杂问题，各国的监管框架仍在完善中。

公众接受度：消费者对无人驾驶技术的信任度影响其市场推广，尤其是在城市空中交通等直接涉及人身安全的场景中。

（四）未来展望

无人驾驶飞行器的发展将经历以下几个阶段。

技术成熟期：自动驾驶、避障和通信技术持续进步，为大规模应用奠定基础。

市场普及期：随着生产成本下降和政策完善，无人驾驶飞行器将在物流、交通等领域快速渗透。

全面融合期：无人驾驶飞行器与智慧城市、绿色交通系统深度融合，成为现代化社会的重要组成部分。

无人驾驶飞行器作为低空经济的核心推动力，正在逐步成为主流。未来，它们将彻底改变传统行业格局，推动全球经济朝智能化、低碳化方向发展。

073 低空经济的商业模式能否突破现有的产业限制?

低空经济的发展催生了许多新兴商业模式，但要实现大规模推广和持续盈利，还需要突破现有产业的限制，优化商业逻辑和生态系统。以下是低空经济商业模式的现状、挑战与突破路径。

（一）现有商业模式分析

按需服务：用户按需使用无人机或电动飞行器完成物流配送、农业作业、空中观光等服务。

数据服务：通过无人机采集环境、农业和基础设施数据，为企业和政府提供数据支持。这种模式在农业和智慧城市中应用广泛。

租赁与订阅模式：企业无须购买无人机，而是按时长或项目租用设备及相关服务。

广告与娱乐：无人机编队表演、空中广告和直播服务逐渐成为低空经济的一部分，为文旅行业注入新活力。

（二）存在的产业限制

市场渗透率不足：低空经济的许多应用场景仍处于试点阶段，市场尚未全面接受。例如，空中出租车的运营成本高、公众信任度不足，影响了其商业化推广。

高成本与低利润：无人机制造、运营和维护的高成本制约了盈利能力，尤其是在价格敏感的市场。

政策和空域限制：低空空域未全面开放，飞行许可审批程序复杂，限制了无人机在多个领域的商业化应用。

基础设施不足：起降点、充电设施和维护网络的缺失，使飞行器的运营效率受到影响。

（三）商业模式的突破方向

整合跨行业资源：通过与农业、物流、旅游、能源等传统行业的深度融合，扩展应用场景。例如，与电商平台合作，将无人机物流配送嵌入现有物流网络。

多元化收入来源：除直接服务收入外，开发基于数据、广告和订阅的增值服务。例如，农业无人机除提供植保服务外，还可以销售作物监测数据。

共享经济模式：借鉴网约车的运营模式，通过平台化共享经济降低飞行器使用成本，提高资源利用率。例如，社区内共享无人机配送服务。

降低成本与技术普及：通过规模化生产和技术优化，降低设备和运营成本，使服务价格更加亲民。

推广政策支持与激励：推动政府为低空经济提供补贴和税收优惠，鼓励企业参与试点项目并优化商业模式。

（四）未来趋势

平台化发展：构建低空经济综合服务平台，通过集成物流、农业、娱乐等多场景应用，为客户提供一站式服务。

市场细分与定制化：针对不同市场需求，提供定制化服务。例如，在农业领域开发适合小农户的无人机租赁方案。

低空经济的商业模式突破需要企业与政府共同努力，通过技术优化、市场推广和政策支持实现全面发展。未来，低空经济的盈利模式将更加多元化，对全球经济产生深远影响。

074　低空经济在物流领域的市场潜力有多大?

市场规模增长迅速：2023年中国低空经济规模已达到5059.5亿元，同比增长33.8%。预计到2026年，中国低空经济市场规模有望突破万亿元大关，达到10644.6亿元。

无人机物流市场规模预测：根据中金公司预测，到2030年，工业级无人机物流市场规模有望突破2000亿元。

全球市场规模：2024年全球低空经济行业市场规模预计将达到2.32万亿元，其中北美市场占比超40%，而亚太地区尤其是中国，市场潜力巨大。

快递业务量增长：2023年全国快递业务量累计达到1320.7亿件，同比增长19.4%。随着快递物流行业的迅猛发展，利用空中资源作为增长的新途径，已成为一个关键的发展方向。

企业布局加速：越来越多的企业开始布局低空物流领域，如顺丰、京东、美团等，这些企业已经开始试点无人机物流配送业务。

技术创新与产业升级：随着5G、北斗、低轨卫星互联网等技术的应用，低空物联网络的建设和发展将进一步推动低空经济的智能化和高效化。

政策支持力度加大：许多国家在推行低空经济时，政府通常会出台各种优惠政策，以促进这一领域的技术创新与发展。

低空经济在物流领域的市场潜力巨大，预计未来几年将呈现爆发式增长，成为推动经济增长的新引擎和产业升级的新方向。

075 低空经济的产业链构成如何？

低空经济的产业链构成相当广泛，涉及多个环节和领域，具体可以分为以下几个部分。

上游：原材料与核心零部件领域包括金属原材料、特种橡胶与高分子材料等原材料供应。核心零部件制造，如电池、电机、飞控系统等。

中游：低空制造与低空飞行保障体系，低空飞行器的整机制造，包括消费级无人机、工业无人机、民用直升机、电动垂直起降飞行器（eVTOL）、飞行汽车等一系列低空经济产品。与低空飞行活动相关的基础设施建设运营、飞行保障、衍生综合服务等。

下游：应用场景，包括旅游业、物流业、文旅业与巡检业等多样化的应用场景。具体应用如无人机配送服务、通航飞行员培训、通航救援服务、通航文旅活动、无人机航拍、无人机电力巡检等。

关键节点企业：上市公司如洪都航空、中直股份、中信海直、航天彩虹、纵横股份等在低空经济产业链中扮演重要角色。

产业链关键节点企业还包括德赛电池、欣旺达、零度智控等关键零部件企业；航材股份、航玻新材等航空材料企业；航新科技、安达维尔等核心设备和系统企业。

区域分布：产业链相关企业主要分布在北京、上海、江苏与广东地区，其中北京地区产业链上游企业有钢研高纳与中航协等；产业链中游企业有中国航空；下游企业有百程旅游等。

低空经济的产业链构成覆盖从原材料供应到核心零部件制造，再到整机制造、运营服务，直至最终的应用场景，形成了一个完整的产业链生态系统。随着技术的进步和政策的支持，这一产业链将不断扩展和深化。

076 低空经济对无人机产业的推动作用是什么?

技术创新与应用场景拓展：低空经济的发展推动了无人机技术的持续创新，无人机在物流配送、农业植保、环境监测等领域的应用将更加广泛和深入。技术创新是低空经济未来发展的核心引擎，无人机和飞行器技术的不断进步和成熟，为低空经济的服务范围拓展和深化提供了坚实的基础。

产业链发展与完善：低空经济的发展促进了无人机产业链的完善，包括上游的原材料与核心零部件领域、中游的低空制造与低空飞行保障体系以及下游的综合服务与应用场景。广东省在无人机技术等领域取得了显著的突破和成果，相关企业达2831家，在通用航空器与eVTOL制造方面，拥有企业数排全国第一。

政策支持与法规建设：国家层面的相关法规与政策逐渐明朗，为低空经济的健康发展奠定了坚实的基础。《无人驾驶航空器飞行管理暂行条例》的施行，标志着我国无人机产业将进入“有法可依”的规范化发展新阶段。

市场需求增长：低空经济在农业、物流、环境监测、城市交通等领域的应用需求不断增长，特别是在偏远地区和交通不便地区的“最后一公里”配送、农作物精准植保等方面展现出巨大潜力。

产业集聚与区域经济发展：低空经济的发展促进了产业集聚，深圳和广州低空经济企业数量分列全国第一和第二，汇集了亿航智能、小鹏汇天、大疆创新等全国头部企业，并创下多个全国第一。城市特色化发展促进区域产业协同，如深圳出台了全国第一部低空经济立法，被列为eVTOL试点城市之一。

绿色电动与智能化发展：绿色电动和智能化是未来低空经济产业发展的重要方向。随着环保意识的提高和能源结构的转型，绿色电动飞行器将成为低空经济产业的重要发展方向之一。

经济规模增长：低空经济的快速发展为无人机产业带来了巨大的市场规模增长。2023年中国低空经济规模已超过5000亿元，2030年有望达到2万亿元。

低空经济对无人机产业的推动作用是全方位的，从技术创新、产业链完善、政策支持、市场需求增长、产业集聚、绿色发展到经济规模增长，都为无人机产业的发展提供了强大的动力和广阔的空间。

077 低空经济如何推动传统产业转型升级？

低空经济的快速发展，正在重塑传统产业的生产方式和商业模式。通过无人机、eVTOL（电动垂直起降飞行器）等低空飞行器的应用，多个行业正在实现数字化、智能化和高效化的升级。从农业、物流、制造到旅游、安防，低空经济为传统产业带来了新的增长动力。

（一）农业现代化与精准作业

传统农业依赖人力和机械，存在效率低、资源浪费、作业不精准等问题。低空无人机的引入，让农业进入精准化、智能化时代。植保无人机可以根据农作物的生长情况精准喷洒农药，减少农药使用量，提高病虫害防治效率。农业无人机还能够执行土壤检测、作物健康监测、播种施肥等任务，实现农业生产的智能化管理。在水产养殖领域，无人机可以监测水质、投放饲料，提高养殖效率。

（二）物流与供应链优化

物流行业面临“最后一公里”配送成本高、交通拥堵、配送效率低等问题。低空经济推动了无人机物流的发展，使短距离、高频次的配送更加高效。电商平台、快递公司开始使用无人机进行城市短途配送，提高送货速度，降低人力成本。在山区、海岛、农村等交通不便地区，低空飞行器可以解决传统物流难以覆盖的问题，提高物资流通效率。仓储物流方面，无人机可以在仓库中执行盘点、货物分拣等任务，提升供应链管理能力。

（三）制造业的智能升级

制造业依赖精细化管理和高效物流，低空经济为工厂自动化和智能化管理提供了新手段。无人机可以用于大规模厂区的巡检，降低人工巡检成本，提高生产安全性。在大型设备制造领域，无人机可以用于零部件运输，提高生产线的协同效率。智能化空中物流系统可以优化生产物料配送，使生产流程更加流畅。在智能制造工厂中，低空飞行器可以与机器人、物联网系统结合，实现更高效的生产管理。

（四）文旅产业的创新体验

传统旅游业主要依赖地面交通，缺乏新颖体验。低空经济的应用使低空旅游成为新的增长点。低空观光无人机和eVTOL能够提供城市观光、自然景区航拍、极限运动航拍等服务，为游客带来沉浸式体验。低空飞行表演、无人机灯光秀等新型娱乐形式，丰富了旅游业态。未来，低空出行或将成为景区和城市交通的新方式，提高游客流动效率，优化旅游服务体验。

（五）城市管理与公共服务优化

城市管理涉及交通、安防、环保等多个领域，低空经济推动了城市治理的智能化。无人机巡逻系统可以辅助交警管理交通，监测违章行为，提高执法效率。消防无人机能够快速侦测火灾现场，辅助灭火作业，减少消防人员的风险。在环保领域，低空监测无人机可以实时监测空气质量、水污染情况，提高环境治理能力。智慧城市建设中，无人机可以承担基础设施巡检、应急救援等任务，提高公共管理水平。

（六）能源与基础设施管理

电力、石油、铁路等基础设施行业依赖大范围巡检，传统人工巡检效率低、成本高。低空无人机可以执行高压电线巡检、石油管道检测、风力发电设备维护等任务，提高巡检效率，减少人工巡检风险。低空飞行器的应用，使大型基础设施维护进入无人化、智能化时代，降低了运维成本，提高了可靠性。

（七）安全防护与应急救援

传统安防行业主要依赖地面监控和人员巡逻，低空经济推动了安防行业的升级。无人机巡逻系统能够实时监测大范围区域，提高安防响应速度。在突发事件中，低空飞行器可以快速侦查现场，为救援人员提供决策支持。未来，无人机安防将与人工智能、大数据结合，实现更精准的风险预测和事件响应。

低空经济正逐步渗透到各个传统行业，使生产和服务更加高效、智能、安全。随着低空空域管理的逐步完善，低空经济将在推动传统产业转型升级的过程中发挥更大作用。

078 低空经济如何带动无人机产业发展?

低空经济的崛起为无人机产业提供了强劲的发展动力，不仅推动了技术进步和市场扩展，也加快了商业化应用的成熟进程。无人机作为低空经济的重要载体，在物流、农业、安防、测绘、能源、救援等领域的应用正在不断深化，同时也促进了产业链上下游的全面升级。

（一）市场需求的扩大

低空经济的核心在于提升空域利用率和服务效率，无人机的多场景应用正是满足这一需求的关键。随着低空经济的发展，无人机的使用从传统的军事与消费级市场拓展至大规模商业运营，包括智慧城市管理、无人配送、应急救援、环境监测等，这些新兴需求极大推动了无人机市场规模的增长。据市场预测，全球无人机市场规模未来几年将高速增长，产业链各环节的需求也将同步增加，带动整机制造、软件开发、数据处理等相关产业发展。

（二）技术创新的加速

无人机产业的发展依赖技术突破，而低空经济的需求加快了技术迭代进程。在续航能力、载重能力、飞行稳定性、自动驾驶、智能感知等领域，低空经济对无人机提出了更高要求，直接推动了核心技术的研发。例如，长续航动力系统、高精度导航系统、AI识别避障技术、群体智能调度系统等，都在低空经济应用需求的驱动下得到快速进步。同时，低空物流、安防巡逻、农业植保等场景对无人机的可靠性和全天候作业能力要求更高，倒逼企业持续进行技术创新，提高无人机的智能化和自主化水平。

（三）商业模式的创新

传统无人机产业以硬件销售为主，而低空经济带来了更多的商业模式创新。无人机服务正在成为一种主流商业模式，企业不再单纯销售无人机，而是提供按需使用、按飞行时间或任务计费的服务。例如，无人机配送企业提供按件计费的物流配送服务，农业植保企业提供无人机作业服务，能源行业通过无人机巡检实现远程管理。通过这种模式，无人机企业可以降低用户的初始采购成本，提高行业渗透率，同时形成长期的服务收益。

（四）产业链的升级与完善

低空经济的发展带动了无人机全产业链的完善。从上游的核心部件制造（如动力系统、传感器、芯片、通信模块等），到中游的无人机整机制造和软件开发，再到下游的行业应用和数据服务，各环节都在快速成熟。例如，5G和低空空管系统相结合，使得远程控制和实时数据传输成为可能，为长距离无人机运营奠定了基础。无人机数据采集、分析、存储的需求增加，促进了云计算、大数据、AI等技术与无人机产业的融合发展。

（五）政策与法规的推动

低空经济的发展离不开政府政策的支持，政策法规的完善直接影响无人机产业的发展速度和应用范围。各国政府正在逐步开放低空空域，制定无人机管理规则，推动低空经济与城市管理、公共安全、商业物流等领域的深度结合。例如，美国联邦航空管理局（FAA）推出的远程识别法规，欧洲的U-Space管理体系，中国的低空空域精细化管理试点，都为无人机产业的规范化和规模化运营创造了条件。

合理的政策支持能够降低无人机运营的法律风险，提高市场认可度，促进产业健康发展。

（六）全球市场的扩展

低空经济的增长不仅局限于单一国家，而是全球范围内的趋势。无人机产业在不同国家和地区的应用需求各有侧重，例如北美市场更关注无人机物流与安防巡逻，欧洲市场聚焦农业和环保应用，亚洲市场则在智慧城市和基础设施管理方面需求旺盛。这种全球化的市场需求促进了无人机制造商的国际化扩展，也推动了跨境合作和技术交流。例如，中国的无人机制造企业如大疆（DJI）已经占据全球消费级市场，而欧美企业则在工业级无人机领域具有优势，全球产业链正在形成互补格局。

（七）与新兴技术的融合

低空经济的发展不仅促进了无人机产业本身的进步，也推动了无人机与其他新兴技术的融合。例如，人工智能的进步让无人机具备了更强的自动化决策能力，能够自主避障、智能巡航、精准投送。5G通信技术的普及，使得远程操控和数据实时传输成为可能，提高了无人机在远距离作业中的可靠性。区块链技术在无人机数据管理和物流跟踪中的应用，提高了数据安全性和透明度。这些新兴技术的应用，使得无人机在低空经济中的作用更加多元化，也为产业链创造了新的发展机遇。

低空经济正在深刻改变无人机产业的格局，推动技术创新、市场扩展、商业模式升级，同时促使政府政策逐步完善，为产业创造更大的发展空间。未来，无人机将在低空经济的驱动下，进一步拓展应用场景，实现更大规模的商业化落地，并成为推动经济增长的重要力量。

079 低空经济如何促进农村经济发展？

低空经济的发展为农村经济带来了新的增长点，通过无人机、低空物流、智慧农业、乡村旅游等领域的创新应用，提升农业生产效率，优化农村基础设施，创造新的就业机会，推动城乡协调发展。

（一）农业生产效率的提升

传统农业依赖人力和机械，效率较低，且受地形、气候等因素影响。低空经济的应用，使农业生产更加智能化、精准化。植保无人机可精准喷洒农药、施肥，提高作业效率，减少农药使用量，降低环境污染。播种无人机能够在恶劣地形或大面积农田中快速完成作业，提高土地利用率。农业监测无人机可实时采集土壤湿度、病虫害情况等数据，为农民提供精准种植方案，减少农业损耗，增加产量。

（二）农村物流体系的优化

农村地区地广人稀，传统物流成本高，运输时间长，导致农产品流通效率低，影响农民收入。低空物流的发展，让无人机配送成为可能，打破交通瓶颈，提高物流效率。生鲜农产品可以通过无人机快速送往城市市场，减少损耗，提升销售价格。医疗、日用品等城市资源也能更快捷地进入农村，改善农村居民的生活质量。部分偏远山区，低空物流成为解决“最后一公里”配送问题的重要方式。

（三）农村基础设施的智能升级

低空经济推动农村基础设施智能化，提升公共服务水平。电力无人机巡检可以替代人工检查高压输电线路，降低维护成本，提高供电稳定性。低空监测无人机可用于防洪、河道巡查、森林防火等，提高农村防灾减灾能力。无人机还可参与农村道路、桥梁等基础设施巡检，提升农村交通网络维护效率，减少意外事故发生。

（四）乡村旅游与文化产业的发展

乡村旅游是农村经济的重要增长点，低空经济为其带来了更多创新模式。无人机航拍为乡村旅游提供全景宣传，提高游客吸引力。低空飞行体验项目，如热气球、动力伞、低空观光无人机等，增加乡村旅游的独特性，吸引更多游客。农村特色文化、非遗项目通过低空摄影、VR技术等进行推广，提高知名度，带动文旅融合发展。

（五）农村安全与治理能力的提升

低空经济促进农村安防体系升级。无人机巡逻可用于农村治安管理，减少盗窃、非法捕猎等行为。森林、农田防火巡检可利用低空飞行器进行早期监测，降低火灾风险。智能无人机可参与灾害救援，加快农村地区的应急响应速度。

（六）农村就业与创业机会的增加

低空经济的发展，为农村创造了新的就业和创业机会。无人机操作员、低空物流调度员、智慧农业技术员等岗位需求增加，为农村青年提供就业机会。农村创业者可利用无人机开展农业服务、物流配送、文旅宣传等业务，推动农村经济多元化发展。政府和企业可通过低空经济培训项目，提高农民的科技素养，促进农村劳动力结构优化。

低空经济正在深刻改变农村经济形态，提高农业生产效率，优化农村物流，推动文旅产业升级，增强农村治理能力，为乡村振兴提供有力支撑。随着政策和技术的进一步完善，低空经济将在农村经济发展中发挥更大作用，助力农村向现代化、智能化方向迈进。

080　低空经济带来哪些新兴职业？

低空经济的发展正在催生大量新兴职业，为社会提供新的就业机会，并推动职业结构发生变革。随着无人机、eVTOL（电动垂直起降飞行器）、低空物流等行业的发展，传统岗位被重新定义，同时衍生出许多新职业，涉及飞行、维护、管理、数据分析、监管等多个领域。

（一）无人机飞行员

低空经济的核心是无人机产业，无人机飞行员成为最直接的就业增长点。商业无人机操作需要专业技能，涉及航空法规、飞行控制、任务规划等多个方面。无人机飞行员的应用场景广泛，包括物流配送、农业植保、灾害救援、基础设施巡检、安防监控等。随着低空经济规模扩大，无人机飞行员的需求将持续上升，并逐步细分为农业无人机飞行员、物流无人机飞行员、应急救援无人机飞行员等多个方向。

（二）低空物流调度员

低空物流网络的构建，需要专门的调度员进行航线规划、飞行任务分配、异常情况处理等工作。低空物流调度员需要掌握无人机物流体系的运行规则，具备实时调度无人机编队的能力，并协调地面接收端的配送衔接工作。随着无人机物流进入规模化运营阶段，低空物流调度员的岗位需求将大幅增加，尤其是在大型电商、快递企业和城市配送网络中。

（三）无人机数据分析师

无人机不仅承担运输任务，还广泛应用于数据采集，例如农业监测、环境检测、城市规划、测绘等领域。无人机数据分析师负责对飞行器收集的数据进行处理，结合人工智能、大数据分析技术，为相关行业提供精准的决策支持。例如，农业领域的无人机数据分析师通过分析作物生长数据，优化施肥和病虫害防治策略；城市管理领域的无人机数据分析师可以评估交通流量，优化道路规划。

（四）低空空域管理专员

低空空域的开放和管理是低空经济发展的关键。随着低空飞行器的普及，需要专门的空域管理专员负责协调空域资源，制定飞行许可规则，监控飞行安全，并处理空域冲突问题。低空空域管理专员需要熟悉航空法规、飞行器通信协议、空域分配系统，并能够利用人工智能和自动化管理技术对空域进行动态优化。未来，低空空管系统的完善将进一步扩大该岗位的需求。

（五）eVTOL飞行员

电动垂直起降飞行器（eVTOL）作为城市空中交通（UAM）的重要载具，将为未来城市出行提供新选择。eVTOL飞行员类似于直升机飞行员，但需要适应全新的电动飞行系统和自动驾驶辅助技术。短期内，eVTOL仍需要人工驾驶，未来随着自动化程度提高，部分飞行员可能转型为远程监控操作员。随着城市空中交通的发展，该职业将成为低空经济的重要就业方向。

（六）无人机运维工程师

无人机的大规模应用，需要专业的运维工程师负责设备维护、故障诊断、零部件更换等工作。无人机运维工程师需要熟悉飞行器的硬件结构、传感器系统、电池管理等技术，确保无人机在高频使用情况下保持最佳性能。物流、农业、能源巡检等行业对无人机运维的需求巨大，运维工程师将成为该行业不可或缺的岗位。

（七）低空经济政策与法律顾问

低空经济的发展涉及空域管理、隐私保护、安全监管、责任划分等多个法律和政策问题。政府、企业、科研机构需要专业的政策与法律顾问，负责研究低空经济相关法规，制定企业运营规范，协调政府与企业之间的监管要求。该职业需要熟悉航空法规、科技政策，并具备跨学科的法律和技术知识。

（八）低空旅游项目规划师

低空经济在旅游行业的应用越来越广泛，例如低空观光、无人机航拍、空中漂流等新型旅游项目。低空旅游项目规划师需要结合地理环境、市场需求、飞行安全等因素，设计创新型低空旅游项目，并与航空监管机构、旅游公司合作，打造符合安全标准的低空旅游体验。

（九）无人机应急救援专家

无人机在灾害救援、应急通信、医疗物资投送等领域发挥着重要作用。无人机应急救援专家需要制定应急预案，优化救援无人机的任务调度，提高救援效率。在地震、洪水、森林火灾等灾害发生时，该岗位的人员将负责组织无人机搜救、物资投送、灾区通信恢复等工作。

（十）低空经济产业分析师

低空经济作为新兴产业，政府和企业需要大量数据分析和市场研究来支持决策。低空经济产业分析师负责研究行业发展趋势、技术演进路径、市场竞争格局，并提供投资分析、政策建议、行业预测等服务。金融机构、政府智库、科技公司等对该岗位的需求较高。

低空经济正在创造大量新兴职业，为社会提供新的就业增长点。这些岗位涵盖技术、运营、管理、法律、服务等多个领域，未来，随着低空经济的发展，相关职业将进一步细分，为各行业提供更多专业化人才。

081 低空经济如何推动新基建发展？

低空经济的快速发展正成为推动新基建的重要力量，带动低空空域管理、无人机物流网络、低空通信系统、智能交通基础设施等领域实现升级。新基建的核心是以科技创新为驱动，构建数字化、智能化、绿色化的基础设施体系，而低空经济的发展需求正好与新基建的建设方向相契合，形成互相促进的良性循环。

（一）低空空域管理体系的建设

低空经济的发展需要高效的空域管理体系来保障飞行安全，提高空域资源利用率。低空空域管理体系包括无人机交通管理系统（UTM）、空域智能调度平台、低空飞行安全监测系统等。这些系统的建设，需要依赖新一代信息技术，包括5G、人工智能、大数据分析、云计算等，构建动态、高效的空域管理平台。随着低空经济的发展，各国开始推动低空空域精细化管理，完善空域开放、动态调度、实时监控等机制，促进空域资源的市场化配置，提高低空经济的运行效率。

（二）低空物流基础设施的完善

无人机物流是低空经济的重要应用场景之一，依托无人机配送网络，能够极大提高物流效率，尤其是在“最后一公里”配送和偏远地区物资运输方面发挥关键作用。低空经济的发展推动了低空物流基础设施的建设，包括无人机配送中心、自动化货运调度系统、智能充电与换电站、无人机专用航线规划等。这些设施的完善，使得低空物流从实验阶段向商业化落地推进，促进物流行业向智能化、高效化方向升级。

（三）低空通信与5G网络建设

低空飞行器的广泛应用，需要稳定、高效的通信网络支撑，5G通信、北斗导航、物联网（IoT）等技术的结合，为低空经济提供了强大的技术保障。5G网络的大规模部署，使得无人机可以实现低延迟、高速率的远程控制，支持高精度数据传输和实时飞行监控。北斗导航系统的应用，为低空飞行器提供精准定位，提高飞行安全性和导航精度。未来，基于5G的低空通信网络建设将成为新基建的重要组成部分，助力低空经济的规模化应用。

（四）智能交通基础设施的升级

低空经济的发展正在改变传统交通格局，低空载人飞行器（eVTOL）等新型空中交通工具的应用，使得智能交通基础设施建设进入新阶段。eVTOL的商业化应用需要配套建设城市空中交通（UAM）网络，包括垂直起降机场(Vertiport)、低空交通管控系统、智能调度平台等。低空交通与地面智能交通系统的融合，将推动智慧城市建设，使城市交通更加高效、安全、立体化发展。

（五）无人机巡检与智慧能源建设

无人机巡检技术广泛应用于智慧能源基础设施管理，包括电网巡检、风力发电设备监测、石油管道检测等。低空经济的发展，加速了无人机巡检系统的建设，使能源行业能够降低运维成本，提高巡检效率，减少人工巡检的风险。无人机搭载红外传感器、激光雷达等设备，可以实现高精度检测，助力新能源基础设施的智能化运维。

（六）低空经济产业园与试验区建设

各地正在推进低空经济产业园和示范区建设，为无人机、eVTOL、新型飞行器的研发、测试、应用提供基础设施支持。低空经济产业园聚集了无人机制造企业、低空物流公司、空域管理机构等，形成完整的低空经济产业链。政府推动设立低空经济试点城市，探索低空经济商业化模式，完善低空交通法规，为低空经济的规模化推广奠定基础。

低空经济的发展，与新基建形成了互促共进的关系。低空经济依托新基建提供的数字化、智能化基础设施，而新基建则因低空经济的发展需求加快落地实施。未来，低空经济将在推动智能交通、智慧物流、智慧能源、智慧城市等领域的发展过程中发挥更大作用，助力经济高质量发展。

082 低空经济如何协助医疗卫生服务？

低空经济的发展正在为医疗卫生服务提供新的技术支撑，提高医疗资源调配效率，提升紧急救援响应能力，改善偏远地区医疗可及性。在医疗物资运输、应急救援、公共卫生监测、智能医院管理等多个方面，低空经济正在成为现代医疗体系的重要补充。

（一）紧急医疗物资运输

医疗物资的快速调配对突发公共卫生事件和日常医疗运行至关重要，低空物流无人机能够显著提高运输效率。血液、疫苗、抗生素、实验样本等高价值医疗物资，往往需要在短时间内送达指定地点，传统陆路运输受交通、地理环境等因素影响较大，而无人机能够直接从医院或实验室起飞，跨越地面障碍，实现快速投送。偏远地区、自然灾害灾区、交通受阻区域，均可利用低空物流实现医疗物资的高效配送。多个国家已经在医院之间建立无人机配送系统，使实验室样本和急救药品在短时间内完成运输，减少患者等待时间，提高医疗救治效率。

（二）心搏骤停患者的AED投送

心搏骤停患者的黄金抢救时间仅为4~6分钟，而传统救护车受道路条件影响，难以在最短时间内到达患者身边。低空无人机可以搭载自动体外除颤器（AED），在接到急救电话后迅速飞抵患者所在位置，为施救人员提供关键救治设备。多个国家已经开始试点AED无人机投送，研究表明，无人机的响应速度比救护车快近一倍，大幅提高了抢救成功率。未来，AED无人机将成为城市急救体系的重要组成部分，特别是在大型活动、郊区或人口密集的城市区域。

（三）应急救援与伤员转运

低空经济的发展，为突发事件中的伤员救治提供了新的手段。自然灾害、交通事故、战区救援等场景中，地面交通可能受损，传统救护车难以进入灾区。无人机和电动垂直起降飞行器（eVTOL）可以直接进入受灾区域，执行医疗侦察、急救物资投送、伤员撤离等任务。未来，eVTOL可能会被用作城市和农村地区的空中救护车，实现快速医疗转运，缩短患者到达医院的时间，提高生存率。

（四）远程医疗与公共卫生监测

低空无人机可以用于远程医疗服务，为偏远地区提供医疗支持。例如，无人机搭载高分辨率摄像头和通信设备，可以帮助医生远程诊断患者情况，为基层医疗人员提供实时指导。公共卫生领域，无人机可以承担大范围的疾病监测任务，如监测空气质量、检测疫病传播区域、进行环境采样等。例如，在疫情防控期间，无人机可用于喷洒消毒剂、监测人员聚集情况、传递健康警示信息，提高防疫效率。

（五）医院基础设施管理与智能化运营

现代化医院的运行涉及大量物资调配、人员管理和安全监控。低空无人机可以在大型医疗中心执行院内物流任务，如配送药品、手术器械、血液样本等，提高医院内部物流效率，减轻医护人员负担。无人机巡逻系统可以提高医院安防水平，监测出入口情况，防止人员非法进入，提高医疗机构的整体安全性。未来，智能医院体系中，无人机可能与人工智能、物联网（IoT）相结合，实现更高效的医疗资源管理。

（六）疫苗与慢性病管理

疫苗接种是公共卫生体系的重要组成部分，偏远地区的疫苗供应往往受到地理和交通条件限制。无人机可以执行疫苗运输任务，确保偏远地区和发展中国家的儿童及时接种疫苗，减少疫病传播。对于慢性病患者，如糖尿病、高血压患者，无人机可以提供定期药品配送服务，减少患者前往医院的频率，提高慢性病管理的便利性。

低空经济正在深刻改变医疗卫生服务体系，提高医疗资源的可及性，提高救援效率，推动公共卫生管理智能化发展。随着技术进步和政策完善，低空经济将在未来医疗服务体系中发挥更大作用，推动医疗卫生行业进入更加高效、安全、智能的新时代。

083 低空经济对智慧旅游有哪些推动作用?

低空经济的发展正在重塑旅游业的体验方式和运营模式，为智慧旅游带来全新的发展机遇。依托无人机、低空飞行器、智能巡航系统等技术，游客能够享受更具沉浸感的观光体验，景区管理更加智能化，旅游服务更加高效便捷，推动整个行业朝数字化、智能化、个性化方向升级。

（一）低空观光与沉浸式体验

低空飞行器的应用使游客能够从全新的角度欣赏自然景观和城市风貌。景区可以引入低空无人机航拍、热气球、动力伞、直升机或电动垂直起降飞行器（eVTOL）进行空中观光，让游客从高空俯瞰壮丽景色，增强视觉冲击力。例如，在山川湖泊、海岸线、城市地标等区域，低空旅游产品能够提供比传统徒步、游船更广阔的视野，让游客获得前所未有的沉浸式体验。

（二）无人机航拍与个性化旅游内容

游客希望在旅行中记录美好瞬间，低空无人机航拍提供了一种全新的摄影方式。景区可以提供无人机租赁或拍摄服务，帮助游客获取高质量的航拍影像，提升旅行体验。例如，在海岛度假村、雪山滑雪场、草原牧区等场景，游客可以通过无人机航拍生成个性化的旅行Vlog，增强旅游的社交分享价值。此外，景区可以利用无人机拍摄制作高清全景VR视频，让游客在旅行前就能通过虚拟现实了解目的地，提升旅游吸引力。

（三）智慧景区管理与低空巡逻

低空经济的应用使景区管理更加智能化。无人机巡逻系统能够实时监测景区环境，及时发现游客滞留、拥堵、违规攀爬等情况，提高景区安全管理水平。例如，在森林公园、湿地保护区等地，管理方可以利用无人机监测生态环境，防止游客破坏植被或投喂野生动物。在大型景区、主题公园、古城街区等游客密集区域，无人机能够辅助安保巡逻，提高突发事件响应能力，降低人工巡逻成本。

（四）低空交通与景区通勤优化

低空经济的推广使景区内部和周边交通更加便捷。eVTOL等低空载人飞行器可以用于旅游目的地的短途接驳服务，例如在机场与景区之间开通低空航线，缩短游客出行时间，提高旅游舒适度。在大型景区内，低空飞行器能够承担观光巴士的部分功能，为游客提供从景点到景点的空中游览通勤，减少步行疲劳，提高游览效率。此外，在海岛、湖区等水上旅游目的地，低空飞行器可以替代部分船运交通，提升游客的出行便利性。

（五）低空无人机导览与智能服务

智能无人机导览系统正在成为智慧旅游的新亮点。游客进入景区后，可以租用或连接无人机导览设备，获得实时的景点介绍、路线规划、个性化推荐等服务。例如，在文化古迹区，无人机可以对游客进行沉浸式讲解，结合增强现实（AR）技术，重现历史遗迹的原貌，提升文化旅游的教育价值。在生态旅游区，智能无人机可以引导游客避开危险区域，并推荐最佳拍摄点，提升游览的便利性和安全性。

（六）低空娱乐项目与主题体验

低空飞行器的娱乐价值正在推动旅游项目创新。景区可以引入低空飞行体验项目，如飞行模拟舱、无人机竞速赛、低空漂流等，打造具有科技感的旅游新玩法。例如，在高山景区，游客可以体验滑翔伞结合无人机跟拍，实现极限运动与科技的结合；在沙漠景区，可以设置低空飞行体验项目，让游客在空中俯瞰广阔的沙漠风光。这些新型旅游项目不仅能够提升游客的体验感，也能够增强景区的竞争力和吸引力。

（七）低空生态监测与可持续旅游

智慧旅游的发展需要兼顾生态保护，低空无人机在生态监测方面的应用，为可持续旅游提供技术支持。景区管理方可以利用无人机监测空气质量、水资源、野生动物分布，优化生态保护措施，确保旅游开发与生态保护协调发展。例如，在自然保护区，低空无人机可以追踪濒危动物的活动范围，帮助研究人员制定保护方案，同时避免人为干扰。在海洋旅游区，低空无人机可以监测珊瑚礁生态状况，防止过度开发对海洋生态造成损害。

（八）应急救援与游客安全保障

低空经济的发展提高了景区的应急救援能力。在高山、森林、海岛等地，游客迷失、受伤等突发事件时有发生，低空无人机可以迅速搜寻目标，为救援队提供精准位置信息，减少搜救时间。此外，无人机可以运送急救物资，如自动体外除颤器（AED）、药品、食物等，提高游客在极端情况下的生存概率。在极端天气情况下，无人机可以实时监测气象变化，为景区和游客提供预警信息，减少旅游风险。

低空经济的应用正在深度赋能智慧旅游，从低空观光、无人机航拍、景区管理、低空交通到娱乐体验、生态保护、应急救援等多个方面推动行业升级。未来，随着技术成熟和基础设施完善，低空经济将在智慧旅游中发挥更大作用，提升旅游品质，创造更具沉浸感和科技感的旅行体验。

084 未来低空经济如何实现更广泛的民众参与？

低空经济的发展不仅是政府与企业的推动，更需要让广大民众广泛参与，使低空经济真正融入日常生活，提高社会接受度，并创造更多的就业与创业机会。随着技术进步、政策开放和市场成熟，低空经济将逐步从专业应用向大众化普及，形成全民共享的发展模式。

（一）降低技术门槛，让更多人掌握低空技能

当前，低空经济仍然以专业飞行员、技术工程师为主，普通人难以直接参与。未来，通过开放低空飞行培训、简化无人机驾驶流程、推广自动驾驶技术，可以降低民众参与的门槛。例如，推出智能无人机操作系统，使普通用户无须专业技能即可轻松完成飞行任务。政府和企业可以合作建立培训中心，提供免费或低成本的无人机驾驶课程，让更多人掌握低空飞行技术，为产业发展储备人才。

（二）发展低空休闲与娱乐产业，吸引大众消费

低空飞行娱乐项目可以让普通人更直观地体验低空经济的魅力。未来，城市低空观光、低空飞行体验、无人机竞速、无人机摄影等项目将更加普及，使低空飞行不再局限于专业人士。例如，游客可以租用自动驾驶无人机进行航拍，普通消费者可以参与低空飞行比赛，甚至在指定区

域体验个人低空飞行器。通过拓展低空娱乐市场，低空经济将更加贴近大众，提高社会参与度。

（三）推动低空物流应用，让民众感受便利

无人机配送是最容易让普通人感受到低空经济价值的方式之一。未来，低空经济的发展将推动外卖、快递、生鲜配送等服务进入无人机时代。随着低空物流基础设施的完善，更多社区和乡村将享受到无人机配送的便利。电商平台、物流企业可以通过优惠政策鼓励用户尝试无人机送货，使低空经济成为民众生活的一部分，提高社会认知度。

（四）鼓励个人创业，让更多人从低空经济中获益

低空经济不仅是大企业的机会，也为个人创业者提供了新的市场。例如，个人可以利用无人机开展航拍摄影、农业植保、测绘巡检、应急救援等业务。政府可以提供低息贷款、补贴，鼓励个体经营者进入低空经济领域，增加市场活力。随着技术普及，更多人可以将低空飞行作为兼职或全职职业，实现经济收益的同时推动产业发展。

（五）优化政策和法律体系，让民众合法合规参与

低空经济的普及需要政策和法规的支持，政府需要制定合理的管理制度，让普通人能够在安全、合规的情况下参与。例如，开放部分城市的低空飞行区域，允许个人和企业在特定条件下自由使用低空空域。建立快速审批机制，让无人机飞行许可更加高效透明。制定合理的法规，让民众在使用低空经济服务时更加安心，也让企业能够放心投资低空经济项目。

（六）加强科普和宣传，提高公众认知度

低空经济的发展仍处于早期阶段，许多人对其概念和应用缺乏了解。未来，可以通过社交媒体、电视节目、线下体验活动等方式加强宣传，让更多人认识到低空经济的价值。例如，举办“低空科技日”活动，让市民亲身体验无人机操控、低空物流配送、低空观光等服务。推出科普视频、纪录片，展示低空经济如何改善城市生活，提升大众对低空经济的认同感。

（七）打造低空社区网络，形成共享经济模式

共享经济的模式可以大幅降低个人参与低空经济的成本。例如，建立社区级别的无人机共享平台，居民可以租用无人机完成航拍、快递、监控等日常活动。社区组织还可以设立低空服务站，提供低空设备的培训和租赁，形成基层低空经济网络，让低空经济从城市中心向更多区域拓展。

低空经济的未来不仅是科技的突破，更是全民参与模式的建立。通过降低技术门槛、发展低空娱乐、推广无人机物流、鼓励创业、优化法规、加强科普、打造共享经济，低空经济将真正融入社会，成为大众生活的一部分，实现广泛的民众参与和共赢发展。

第八章

低空经济的未来展望

085　低空经济的未来发展面临哪些挑战？

空域管理体系不健全：我国低空空域管理体系尚无建立健全的统一标准，导致“黑飞”“乱飞”等违规现象屡见不鲜，缺乏有效的空域监管，不仅影响飞行秩序，还可能带来航空安全隐患。

低空基础设施薄弱：通用机场数量不足，配套设施不完善，导致飞行器运营受限。运营效率低制约了低空经济的规模化应用，也限制了其在应急救援和物流领域的广泛使用。

技术标准化程度不足：飞行器制造与运行缺乏统一技术标准，导致产业链上下游难以高效协调，增加了生产成本，削弱了产业链整体竞争力。

研发投入大且周期长：上游研发环节需要长期高额投入，企业难以负担持续的创新开发，进而影响产业健康发展。

安全风险较高：低空飞行环境复杂，飞行安全面临多种风险（如天气、机械故障等）。现有监管手段和技术难以应对这些挑战。

行业发展进程不及预期：尽管无人机、电动垂直起降飞行器（eVTOL）等关键技术取得了显著进步，但在广泛商业化前仍面临安全性、可靠性与成本效益等问题。

市场开拓与消费者接受度不足：低空经济服务需要用户广泛接受，但因安全性、隐私、成本等问题，消费者接受度较低。

中端与终端服务不足：虽然部分地区在机场建设上有所突破，但中端和终端服务（如维修、技术支持、信息服务等）发展滞后。

086 低空经济如何突破技术瓶颈实现更广泛应用？

技术创新与合作：低空经济的发展离不开技术创新，特别是在飞行器设计与应用方面。比如，上海杨浦与金山两区的合作推动了无人机应急救援、跨岛物流、环保监测等场景的开发，这种跨区域合作有助于资源整合与技术突破。

完善产业链构建：低空经济需要完整且高效的产业链，包括飞行器研发、制造、适航检测及运营服务等环节。上海低空经济产业发展有限公司在低空新型飞行器研发和适航检测中起了重要作用，推动产业协同发展，促进低空经济的快速应用。

推动标准化、模块化和体系化发展：面对技术瓶颈，低空经济可通过标准化降低生产成本，增强产品互操作性；通过模块化促进技术迭代，推动产业发展；通过体系化发展强化产业链合作，确保资源共享和协同创新。

加强基础设施建设：基础设施是低空经济发展中的重要支撑。北斗导航、卫星互联网、5G-A技术、大数据、云计算和人工智能等先进技术为低空基础设施建设提供了新的动能。这些技术的应用可以提升低空飞行器的运行效率、保障飞行安全，并有效提升空域的利用率。

加大政策与技术支持：政府的政策支持和技术支持是推动低空经济发展的关键因素。需要持续加大对低空飞行活动的政策和技术支持力度，注重根据市场需求变化及时调整产业方向和产品结构。政策的支持不仅能为产业发展提供保障，还能为技术创新提供良好的环境。

提升适航审定能力：新型飞行器如无人机和eVTOL面

临更高的适航审定要求，需要进一步研究适航标准和审定技术。

推动空域管理改革：低空经济的发展要求优化空域管理，释放更多低空空域资源，提高飞行灵活性和效率。

政府扶持政策：政府的财政支持对低空经济的早期发展至关重要。初期资金投入、基础设施建设和研发支持需要政府政策扶持。

087 低空经济的未来展望如何与可持续发展目标对接？

技术创新与产业升级：低空经济的发展依赖技术创新，特别是eVTOL等关键技术的应用。它将推动城市空中交通、低空物流等领域的发展，助力可持续发展目标的实现。

政策支持与法规建设：随着政府对低空经济的重视，预计将出台更多支持政策，规范行业发展，为低空经济提供良好的基础设施支持。

基础设施建设：低空经济的基础设施建设将推动相关产业协同发展，形成完整产业链，促进飞行器制造、运营服务等相关产业的合作。

环境保护与噪声控制：低空经济的发展将采用环保技术和航空燃料，减少对环境的影响，并通过噪声控制确保居民生活质量。

人才培养与人力资源储备：低空经济需要专业人才，因此加强行业人才培养和飞行员储备是未来发展的关键。

市场生态维护：政府、企业和社会各方应共同维护市场生态，扩大低空经济文化的传播，推动低空经济的可持续发展。

安全运行监管：保障飞行安全是低空经济发展的基础。安全监管体系的建立将确保行业健康发展。

经济生态闭环打造：通过建立完善的基础设施，低空经济可形成自我支持的产业生态，推动可持续发展。

088　低空经济是否能与传统产业深度融合？

技术创新与产业升级：低空经济通过电动化、智能化飞行器与数字化管理相结合，推动农业、工业、服务业等领域的转型升级。例如，无人机在农业中的应用，极大提升了生产效率和资源管理能力。

应用场景拓展：低空经济的应用领域广泛，从乡村到城市，再到产业领域，无人机在农业、巡检、消防等多个场景中的应用，提升了各行业的效率和应急响应能力。

政策推动：国家政策的支持加速了低空经济与传统产业的融合，为科技创新和产业变革提供了动力。

产业链现代化：低空经济的崛起推动了产业链的现代化，涌现出一批具有领导力的企业，并助力中小企业在制造业中的崛起。

基础设施建设：低空经济的基础设施建设促进了各领域产业协同，形成了完整的产业链，推动了低空经济的深度发展。

安全监管体系：低空经济的深入发展依赖完善的安全监管体系，确保飞行活动安全，促进产业可持续发展。

经济生态闭环：低空经济通过高效的管理体系，实现了产业链的融合，推动了多行业的协同发展。

市场潜力巨大：低空经济有巨大的市场潜力，随着技术进步和应用场景扩展，预计未来将涵盖更多行业和领域。

089 低空经济在未来会如何影响全球经济格局?

经济增长新引擎：低空经济将成为全球经济的新引擎，推动社会经济发展，并提高人民生活质量。预计到2025年，中国低空经济的市场规模将达到1.5万亿元。

产业结构变革：低空经济将推动通用航空市场结构多元化，大小企业间的合作与竞争将成为常态，尤其是在无人机市场。

技术创新与产业升级：低空经济将促进无人机、eVTOL等技术的发展，推动各行业稳步发展。

全球竞争格局重塑：低空经济将提升中国在全球市场中的竞争力，助力中国企业占据国际市场中的重要位置。

国际合作与标准化：低空经济发展要求跨国合作，特别是在空域使用、飞行规则、安全标准等方面，推动国际标准的制定。

新质生产力的代表：低空经济作为新质生产力，代表航空业技术与市场的深刻变革，并为中国构建新的产业格局提供机遇。

空域资源的战略价值：低空经济将使空域资源成为战略性生产要素，影响农业、工业和服务业的发展。

产业政策体系创新：为了适应低空经济的发展，全球将需要创新产业政策体系，影响全球经济和产业结构。

090 低空经济的发展对社会结构有何影响？

经济形态变化：低空经济作为新型经济形态，将带动相关产业的融合和发展，具有强大的成长性和推动力。

产业体系变革：低空经济推动了新的产业体系形成，如绿色电动产业、低空智能运营等，推动了产业结构的变革。

就业结构调整：低空经济创造了新的就业机会，并推动了专业人才的培养，影响了就业市场的需求结构。

区域发展差异：低空经济促进了城乡之间的交通连接，提高了物流效率，促进了区域经济融合。

社会服务模式创新：低空经济推动了城市管理、农业现代化、消防救援等服务领域的创新，提高了社会服务效率。

技术进步与人才培养：低空经济需要技术创新和人才支持，推动社会朝更高效、智能的方向发展。

政策与法规调整：低空经济的发展促使政策和法规不断创新，适应新兴业态的发展需求。

消费需求变化：低空经济的推广将促进消费需求的变化，提高生活质量，使消费方式多样化。

091　智能化发展将为低空经济带来哪些变革？

智能化技术的突破正在重塑低空经济的发展模式，使其更加高效、安全、可持续。人工智能、大数据、云计算、5G、自动驾驶等技术的深度融合，让低空飞行器的调度、运营、监管、维护等环节全面升级，推动低空经济从试验阶段迈向大规模商业化应用。

（一）空域管理的智能化

传统空域管理依赖人工调度，难以满足无人机和eVTOL（电动垂直起降飞行器）等新型低空飞行器的需求。智能化技术使低空空域管理进入自动化时代，基于人工智能的无人机交通管理系统（UTM）能够实时监测飞行器位置，动态调整航线，优化空域资源配置。云计算和大数据分析支持空域使用的智能预测，避免空中拥堵，提高飞行安全性。未来，低空空域管理将实现全面数字化，让不同类别的飞行器能够在城市空域、乡村空域和跨境空域中协同运行。

（二）飞行器的自动驾驶与智能感知

人工驾驶的飞行模式成本高、安全性受人为因素影响。智能化发展推动无人机和eVTOL向完全自动驾驶迈进。AI控制系统结合传感器、雷达、计算机视觉等技术，使飞行器具备自主导航、避障和决策能力，实现全自动飞行。机器学习算法可以不断优化飞行路径，提高能效，减少飞行事故风险。在物流、城市出行、农业植保等应用场景，智能飞行器能够自动规划任务，减少人工干预，提高运营效率。

（三）低空物流的智能调度

无人机物流的核心挑战是如何高效调度飞行任务，使多个配送订单在最短时间内完成。智能化技术使物流无人机具备更强的任务优化能力，基于AI算法的智能调度系统能够综合考虑天气、空域情况、订单优先级等因素，动态规划最优配送路线。5G网络支持远程监控和实时数据传输，确保配送过程的可追溯和安全性。未来，智能物流系统将实现无人机与地面配送网络的无缝衔接，让低空物流成为现代供应链的重要组成部分。

（四）低空交通系统的智能运营

城市空中交通（UAM）的发展需要高效的智能化调度系统支持。智能调度平台可以管理多个eVTOL的起降、航线、充电、维护，确保城市低空交通安全、有序运行。人工智能可以分析城市交通流量，预测出行需求，优化低空飞行线路，提高空中通勤的效率。随着智能化系统的不断完善，低空出行将成为地面交通的重要补充，为城市缓解拥堵提供新方案。

（五）飞行安全与应急处理能力提升

智能感知技术的应用使低空飞行更加安全。AI视觉识别系统可以实时监测天气变化、飞行障碍物、突发事件，并自动调整飞行策略，避免危险。智能飞行器具备自我诊断能力，在出现故障时能够自主降落或返回基地，降低事故风险。云端数据平台可以实时分析飞行数据，发现潜在风险，提前预警，提高低空经济整体的安全水平。

（六）低空经济与物联网的深度融合

物联网（IoT）技术让低空飞行器能够与智能城市、智慧农业、智能物流等系统互联互通，实现全方位数据共享。例如，农业无人机可以与农田传感器实时交互，根据土壤湿度自动调整施肥和灌溉策略。物流无人机可以与智能仓储系统联动，自动优化货物调度，提高配送效率。城市管理部门可以利用无人机与智慧城市系统相结合，执行灾害监测、环境保护、交通管理等任务。低空经济的智能化将使整个社会的运营模式更加高效和互联。

（七）低空经济商业模式的智能升级

智能化让低空经济从传统的设备销售模式转向按需服务模式。无人机租赁、低空出行订阅、按次收费的空中配送等智能商业模式将逐步普及。企业可以基于AI数据分析提供个性化低空服务，提高客户体验满意度。例如，智慧景区可以提供基于AI推荐的无人机导览，城市居民可以通过智能平台预约eVTOL出行服务。数据驱动的商业模式将为低空经济创造更多盈利机会。

（八）低空飞行器的智能运维与预测性维护

低空飞行器的长期运行依赖稳定的维护体系。智能运维系统可以通过传感器实时监测飞行器的健康状态，AI算法分析设备数据，预测可能的故障点，提前安排维护，减少停机时间。云端管理平台可以实现远程设备诊断，优化维护流程，提高运营效率。未来，无人机和eVTOL的维护将全面智能化，使低空经济的运行更加稳定可靠。

智能化技术正推动低空经济全面升级，从空域管理、自动驾驶、物流调度、低空交通到安全监管、物联网融合、商业模式创新、智能运维等多个方面重塑产业格局。随着智能化水平不断提高，低空经济将实现更高效、更安全、更普及的发展，为未来社会带来更多便利和价值。

092　低空经济如何重塑社会结构？

低空经济的发展不仅影响产业模式和经济结构，也在深刻改变社会运行方式。低空物流、空中交通、智能巡航、无人机监管等新技术的应用，使得社会组织方式、城市规划、劳动力市场、生活方式等多个方面发生变革，推动社会结构朝更加智能化、高效化和多元化方向发展。

（一）城市空间的重构

低空经济的发展使得城市空间利用更加立体化。传统城市规划主要围绕地面交通布局，而未来的城市将增加低空飞行通道、无人机配送中心、eVTOL（电动垂直起降飞行器）起降点等设施，使低空成为新的交通和物流层级。建筑顶部、桥梁、高架道路可能成为低空经济的重要节点，城市功能区划也将更加多维，减少对地面交通的依赖，提高城市通勤和物流效率。

（二）城乡关系的优化

低空经济推动城乡一体化进程。无人机物流可以解决偏远地区物资运输问题，使乡村地区能够享受与城市相同的配送速度，缩短城乡资源流通时间。低空空中交通可以让乡村居民更便捷地进入城市，提升乡村人口的流动性。农业无人机提高农村生产效率，使传统农业朝现代化、智能化方向发展，增强农村经济活力。随着低空经济的普及，城乡之间的经济鸿沟将逐步缩小。

（三）就业结构的变革

低空经济创造了大量新兴职业，同时也改变了传统职业的工作方式。无人机飞行员、低空物流调度员、空域管理专员、无人机数据分析师、低空基础设施维护员等岗位将成为新兴职业，而传统的快递员、城市交通管理人员可能需要适应新的工作模式，朝智能化运营方向发展。低空经济还带来了远程运维、智能监控、自动驾驶等新技术，减少了部分劳动密集型岗位，使社会整体就业结构朝技术型、服务型、智能型方向转变。

（四）生活方式的升级

低空经济让个人生活更加便捷。无人机快递可以大幅缩短购物配送时间，让即时消费成为可能。eVTOL等低空出行方式缩短城市通勤时间，提高出行舒适度。无人机巡逻系统提升社区安全，降低犯罪率。智能无人机导览、低空旅游体验等新型娱乐活动，使人们的休闲方式更加丰富。随着低空经济深入日常生活，个体享受的社会服务将更加多元化、智能化。

（五）社会治理方式的创新

低空经济推动城市治理模式的变革。无人机监测系统可以对城市交通、环境污染、违章建筑等问题进行实时监管，提高政府决策效率。低空应急救援体系能够在灾害发生时迅速部署，提高救援反应速度。无人机可以参与防疫、治安巡逻、消防侦查等任务，使公共服务更加高效精准。未来，城市管理将更加依赖智能化、无人化手段，减少传统治理模式的局限性。

（六）社会分工与财富分配的调整

低空经济带来的新兴产业将创造大量财富，但同时也可能加剧社会分工的变化。高技能人才在低空经济发展中占据更有利地位，而低技能劳动者可能面临转型压力。政府需要制定相应政策，提供技能培训、教育补贴，帮助传统行业从业者向智能经济领域过渡。同时，低空经济可能带来新的产业资本流向，促进区域经济均衡发展，为更多人创造创业和就业机会。

（七）全球化与区域经济的重塑

低空经济不仅影响本地社会结构，也会改变全球贸易模式。无人机跨境物流使得国际贸易更加高效，低空智能物流网络让区域经济联系更加紧密。低空交通的普及，使城市群之间的联系更加快捷，推动大都市圈、城市集群的发展。未来，低空经济将促进全球供应链优化，使产业布局更加灵活，形成新的全球经济格局。

低空经济的兴起正在重塑社会结构，使城市规划、劳动力市场、公共治理、生活方式、财富分配等多个方面发生深刻变革。随着技术成熟和政策完善，低空经济将在未来社会发展中扮演更加重要的角色，推动社会朝智能化、高效化、均衡化方向发展。

093 低空经济的智能化发展将带来哪些改变?

产业政策环境优化：随着低空经济的快速发展，政策将进一步优化，以适应行业的需求。政府将推出更具支持性的政策，如简化审批流程、加大财政支持力度等，为低空经济提供更加宽松的政策环境。

市场需求持续增长：低空经济的兴起与城市化进程加速密切相关，消费者对低空出行和物流配送的需求不断增加，尤其是在偏远地区和交通不便地区，无人机的应用将成为一种重要的解决方案。

绿色电动与智能化发展加速：绿色电动飞行器和智能化技术的应用是低空经济发展的重要方向。随着环保要求的提升和能源结构的转型，绿色电动飞行器将成为低空经济的主力军，同时智能化技术将提升行业效率和安全性。

制造主驱动转向多领域并进：低空经济产业将不再仅依赖单一的无人机或eVTOL产品，而是多元化发展，智能化技术、安防设备等多种领域同步创新。

公共部门与低空经济相结合：低空经济将与公共部门深度结合，特别是在国土测绘、城市应急响应、能源巡检和农业生产等领域，极大提高公共管理的效率和响应能力。

智能化企业运营：企业将在运营管理中广泛应用智能化手段，例如通过无人机技术提升物流配送效率、优化巡检监控等工作，从而降低人工成本，提高作业安全性。

多样化生活服务：低空经济将推动多样化的生活服务，如无人机表演、低空观光旅游等，满足人们个性化的消费需求。

体系化和规范化市场：低空经济的进一步发展将推动市场更加体系化和规范化，包括飞行器制造业的智能化、空域管理的自动化等。

技术创新与智能化应用：随着AI和无人驾驶飞行技术的进一步发展，低空经济在飞行控制、空域管理和飞行器维护中的智能化应用将变得更加成熟，推动行业实现高质量发展。

数字经济生态发展：低空经济与数字经济深度融合，推动了数据要素的应用，促进了实体经济的数字化转型，为数字经济的创新提供了新的动力。

综上所述，低空经济的智能化发展将推动政策、市场需求、绿色发展等多个方面的变革，提升产业效率，并推动社会经济朝更加智能、高效、绿色的方向发展。

094　低空经济对全球交通系统的影响是什么？

立体交通新范式：低空经济的发展将促进交通系统从平面交通向立体交通转变，通过低空飞行器和空中交通的整合，城市交通将更加多元化和高效。

交通管理和空中交通整合：空中交通和地面交通的管理将实现无缝衔接，低空经济将推动空域共享和实时数据共享，优化飞行路径，确保飞行器安全运行。

通航基础设施布局完善：低空经济的发展需要更多小型机场和垂直起降场地，这些设施将覆盖城市和乡村，支持更多私人飞行和无人机物流业务。

航空培训与认证的标准化：航空培训将朝着标准化和虚拟化方向发展，通过线上课程和虚拟现实模拟器降低培训成本，提高效率。

新能源技术的应用：低空飞行器将逐渐依赖电动推进系统和新能源技术，减少碳排放并提高飞行器的续航能力，推动低空经济的大规模应用。

技术创新与智能化应用：随着AI和无人驾驶技术的不断发展，低空经济将在飞行控制、空域管理和飞行器维护等方面得到广泛应用。

市场准入标准的提升：低空经济的参与者将面临更高的行业标准和资质要求，以确保飞行器和服务的质量。

安全监管体系的智能化：低空经济将推动智能化空中交通管理系统的建设，利用大数据、物联网等技术实时监控飞行器，确保飞行安全。

运营规范化与标准化服务：低空飞行服务将趋向规范化，统一的服务标准和流程将提升行业透明度和用户信任度。

保险与金融服务的规范化：低空经济的风险管理将通过专门的保险产品来应对，为行业提供全方位的保障。

与国际标准接轨，加强合作与交流：低空经济发展需要跨国合作，国际间的空域使用与飞行规则将逐渐统一，推动全球范围内的互认和合作。

综上所述，低空经济的发展将深刻影响全球交通系统，推动立体交通、智能化管理和绿色发展，提高交通效率和安全性，并提出新的管理与服务要求。

095　如何构建低空经济产业生态圈？

绿色物流配送：低空物流通过无人机运输，相比传统航空运输，具有成本低和灵活性高的优势，能有效减少短距离配送的碳排放，推动绿色环保事业。

产能协同和运力优化：低空物流通过“互联网+无人机”等技术，能够协调不同环节的物流需求，提高运力利用效率，减少能源消耗和资源浪费。无人机在货物运输、盘点和配送等环节的合理运用，不仅降低了物流成本，还促进了绿色、低碳的物流发展。

绿色低碳化升级：在“双碳”战略的推动下，低空物流产业正在加速转型，采用低碳环保技术，如电动无人机和太阳能飞行器，减少碳排放。技术进步将进一步推动低空经济的绿色化发展，助力实现可持续的低碳目标。

环保政策支持：各国政府对低碳产业的支持力度不断增加，低空经济作为绿色低碳产业的重要组成部分，获得了政策鼓励，包括财政补贴、税收优惠等。这些政策将为低空经济提供发展的资金保障，并推动技术创新与市场扩展。

技术创新推动低碳发展：航空领域的低碳技术研发投入不断增加，包括高效电动推进系统、氢燃料电池等技术的研发。未来，随着电池技术和燃料技术的突破，低空飞行器的续航能力和环保性能将得到显著提升。

绿色航空制造业发展：低空经济的发展推动了新能源、新材料、航空动力技术的进步，带动了绿色航空制造业的发展。低空飞行器的制造商将更加注重采用环保材料、绿色技术及低碳排放生产流程，推动产业链的绿色化。

丰富绿色发展应用场景：低空经济的技术进步和快速竞争优势，使得低空飞行器可以广泛应用于生态环境监测、污染治理、农业环保等多个领域。例如，通过无人机进行生态环境监测和数据采集，能够实时掌握环境污染情况，为决策提供科学依据。

环境监测与保护：无人机技术在环境监测和保护方面发挥了至关重要的作用。无人机可用于大面积的生态监测、污染源追踪、气象预警等工作，有助于实现精准的环境监测与动态风险评估，从而提高环保效率。

数据要素+低空经济赋能：低空经济通过促进跨区域、跨部门的生态信息共享，提升了环境监测的能力和实时性。利用大数据技术，无人机能够对空气质量、噪声污染、水质等进行精确监控，并为环保决策提供实时反馈。

智慧农业与乡村生态振兴：无人机技术应用在智慧农业中，能够防治农业面源污染，提升作物生产效率，同时为乡村生态振兴提供支持。无人机不仅可以精准撒播种子，还能进行生态恢复和土地改良，有效提升乡村的生态环境。

综上所述，低空经济通过技术创新、政策支持和多领域的绿色应用，正在推动绿色环保事业的快速发展。它不仅减少了物流和交通领域的碳排放，还通过智能监测和生态修复，为环境保护提供了强有力的技术支持。

提高城市绿化效率：无人机技术可以大大提高城市绿

化的效率。通过精准播种和植物种子的空中投放，无人机能够在短时间内覆盖大面积区域，为城市绿化和生态恢复提供新的解决方案。例如，在杭州，无人机已被用于园林绿化养护，提升了工作效率。

城市绿化监测与评估：无人机配备多光谱相机和红外传感器，可对城市植被进行详细监测，获取关于城市植被生长状态的数据。这些数据能够为绿化规划提供科学依据，帮助改进植被养护和修复策略。

湿地恢复与生态修复：无人机不仅可以用于城市绿化，也能够用于湿地恢复和生态修复。它通过携带植物种子和土壤改良材料，能够在受污染或受破坏的湿地进行精准种植，促进湿地植被的恢复，有助于提高湿地的生态功能和水质净化能力。

城市绿化景观规划：无人机在城市绿化景观规划中具有重要作用。通过航拍获取精确的地形和植被数据，规划师可以更好地进行绿化方案的设计和优化，推动城市绿化的科学规划与实施。

绿化工程巡检：传统的绿化巡检方式需要大量人工，而无人机能够实现全方位、高清晰度的绿化监测，降低人工成本并提高工作效率。无人机能在短时间内对大面积绿化进行巡视，及时发现潜在问题。

精准喷洒与病虫害防治：无人机可搭载精准喷洒装置，在植被管理中发挥作用，针对不同植物进行精准喷洒，控制农药的使用量，减少对环境的影响。这种精准防治方式有助于提高植物的健康状况，减少农药污染。

推动绿色经济发展：低空经济作为绿色经济的重要组成部分，不仅带动了低碳环保技术的发展，还推动了绿色产业链的形成。通过智能化、低碳的技术应用，低空经济促进了绿色发展和生态保护，为城市可持续发展提供了动力。

数字化分析大面积环境污染：无人机结合先进的数字化分析技术，能够对大面积环境污染进行实时监控和数据分析。通过全方位拍摄和三维模型生成，迅速识别污染源，并生成精确的报告，确保环境治理工作科学有效。

智慧农业与乡村生态振兴：无人机技术在农业中的应用，尤其是精准农业方面的应用，将进一步推动乡村生态环境的恢复和振兴。无人机可以有效减少农业污染，促进农田生态修复，推动绿色农业和可持续的乡村振兴。

综上所述，低空经济在城市绿化和生态建设中的作用日益凸显。通过智能化技术和精准化应用，低空经济有效提升了城市绿化效率，促进了生态修复，为城市可持续发展提供了新动力。

096 低空经济的普及是否存在技术壁垒？

低空通信问题：低空飞行器对通信系统的要求越来越高，尤其是在数据传输和飞行控制方面，现有的通信技术难以支持大规模低空飞行活动。当前的通信设施需要进一步优化，以满足低空经济高速发展的需求。

低空感知难题：城市环境中的建筑物密集，卫星信号易受干扰，传统雷达系统的高成本也限制了其在低空飞行中的应用。解决低空飞行器的感知与避障问题，需要更加精确的传感器和技术支持。

低空导航挑战：随着低空飞行频次的增加，低空导航技术面临更高要求。现有的导航技术需要进一步提升，以应对复杂的城市环境和高密度的飞行需求。

技术发展瓶颈：低空飞行器的核心技术，如主控芯片、智能避障系统、续航能力等仍然面临发展瓶颈。特别是飞行器的智能控制、故障诊断和避障技术，需要进一步突破，才能提高飞行器应用的灵活性和安全性。

续航能力有待提升：无人机的续航能力仍是制约其广泛应用的瓶颈，尤其是在物流配送等场景中，飞行器的飞行时间和载重能力亟须提升。

基础设施不完善：低空经济的基础设施尚未完全建成，包括无人机起降点、充电站、仓库等地面设施还处于发展阶段。现有设施的不足限制了低空经济的广泛应用。

监管政策不健全：低空经济的监管政策尚不完善，空域管理、法规体系的缺乏，限制了低空飞行的灵活性和市场发展速度，需要更加细化和合理的政策框架来支撑低空飞行行业的健康发展。

综上所述，低空经济的普及面临技术壁垒，如通信、感知、导航等问题，这些问题需要通过技术创新、基础设施建设、政策支持等多方面的努力来解决。随着技术的突破和政策环境的优化，低空经济有望迎来更广泛的应用。

097　低空经济的社会接受度如何提高？

加强政策监管与法规建设：低空经济的安全性和合法

性需要完善的政策监管体系。我国已发布《无人驾驶航空器飞行管理暂行条例》等法规，这些法规填补了低空空域管理的空白，为低空经济的健康发展提供了基础保障。

基础设施和管理系统建设：低空经济的基础设施建设至关重要，政府应主导构建低空智联网，包括空中航路网、通信导航网、空域管理网等，以确保飞行器的安全运行。此外，低空服务网的建设也是保障低空飞行活动顺畅运行的关键。

技术创新与应用：技术创新是推动低空经济发展的核心动力。中兴通讯推出的低空通感立体组网方案，结合5G-A通感一体化技术，解决了低空飞行中的数据传输和通信问题，大幅提升了飞行的安全性和效率。

人才培养与跨学科教育：随着低空经济的快速发展，需要大量具备跨学科知识的复合型人才。因此，培养和引进相关领域的专业人才至关重要。香港理工大学的低空经济理学硕士课程就是一个典型例子，结合了航空、工程、控制、人工智能和运输等多个学科的知识，帮助学生掌握跨领域的技术和管理能力。

产业生态建设与协同发展：促进低空经济产业链上下游企业的协同发展，打造完整的产业生态系统，能够有效提高整个行业的效率和安全性。政府、企业和学术机构的协作将为低空经济提供更多创新的解决方案。

安全运行监管与制度创新：要确保低空经济的持续健康发展，必须创新监管模式，建立健全跨部门、跨领域的联合监管机制。政府和企业应加强合作，推动低空经济的高效、安全运行。

探索“放”和“管”之间的平衡：低空经济的快速发展既需要放宽市场准入，释放更多空域资源，也需要严格的监管确保安全。因此，政府需在放宽政策和安全管理之间找到平衡，保障低空经济的健康发展。

通过上述措施，可以有效提高公众对低空经济的接受度，促进低空经济的健康发展，使其成为社会生活中不可或缺的一部分。

098　低空经济如何推动新质生产力的数字化转型？

低空经济作为一个新兴领域，涵盖了无人机、eVTOL、空中出租车、物流配送、智慧农业等多种创新应用。其核心是通过数字技术与传统产业的融合，推动产业链的智能化、信息化和自动化，从而促进新质生产力的数字化转型。低空经济如何在这一过程中发挥作用呢？

（一）低空经济赋能数字化基础设施建设

低空经济依赖先进的数字基础设施，如高效的通信网络、实时的飞行数据监控系统以及智能化的空域管理平台等。这些基础设施的建设是推动新质生产力数字化转型的基石。

智能空域管理系统：低空飞行器（如无人机）要求精确的空域管理系统，这些系统能够实时监控飞行状态、空域资源分配以及飞行器位置。借助大数据、人工智能（AI）、物联网（IoT）等技术，低空经济可以提供全方位的空域数据支持，推动空域管理的智能化。

高带宽通信基础设施：5G、6G等技术的应用能够为低空飞行器提供低延迟、高带宽的通信保障。飞行数据的实时传输、智能调度和飞行控制都依赖这一基础设施的支持，促进了从城市到农业等多个领域的数字化应用。

（二）提升传统产业的智能化与自动化

低空经济不仅局限于航空领域，它还深入农业、物流、城市管理等传统行业。通过引入自动化技术和数字化工具，低空经济大大提升了传统产业的效率和智能化水平，推动了新质生产力的升级。

智慧物流：无人机配送是低空经济的重要组成部分，它在城市物流和农村配送中的应用能够有效提高运输效率。无人机利用GPS导航、智能调度系统以及自动避障技术进行自主飞行，降低人力成本并提高配送速度，这使得物流行业迎来了智能化转型。

智慧农业：无人机技术可以进行精准农业作业，包括播种、喷洒农药和灌溉等。通过数据采集与实时分析，农民能够精确掌握农田状态，从而优化农业生产管理，提高作物产量和资源使用效率。

（三）数据驱动的产业优化与生产力提升

低空经济产生的海量数据为产业链的优化提供了重要支持。数据分析技术能够帮助企业优化生产流程，提升资源的配置效率，从而推动新质生产力的数字化转型。

大数据与AI应用：低空经济的每一个环节都依赖数据采集和分析。无人机在飞行过程中收集到的数据可以用来分析环境变化、物流需求、农业状况等，从而为决策提供依据。AI技术可结合这些数据进行预测分析，从而实现生产与资源管理的精细化调度。

智能制造与定制化服务：在低空经济领域，智能化飞行器的设计和生产也在推动制造业的数字化转型。通过利用工业互联网与数字孪生技术，低空经济企业可以实现产品设计、制造过程与使用阶段的数据闭环，推动产品的智能化和定制化生产。

（四）新型生产模式与资源配置的智能化

低空经济通过引入数字化生产方式，创新了生产模式并优化了资源配置。例如，利用无人机、eVTOL等智能设备提供空中出行与物流配送服务，可以在不受地面交通限制的情况下高效运送商品和人员，提升生产力。

智能生产网络：低空经济中的生产模式正在朝更智能化的方向发展。无人机、飞行器与地面物流系统的无缝对接，形成了一种新的生产、运输和服务网络。通过这种网络，企业能够在生产过程中实时调度资源，进行需求预测并优化生产过程。

灵活的资源配置：低空经济特别适用于动态变化的环境，如应急救援、灾后恢复、物流高峰期等。飞行器的灵活性和即时响应能力使得低空经济成为有效的资源调配工具，有助于提升新质生产力的弹性和适应能力。

（五）促进跨界融合与产业协同

低空经济不仅推动单一产业的发展，还促进了多个行业的跨界融合，形成了新的产业生态圈。这种产业协同促进了新质生产力的数字化整合。

跨行业协作：低空经济通过与传统行业协同合作，如无人机与农业、物流、城市管理等行业相结合，推动了产业链的数字化整合与创新。行业之间的数据共享和技术协同使得低空经济的应用更加广泛，推动了整个社会生产力的提升。

数字平台与产业链生态：低空经济推动了产业链上下游企业的协同，许多低空经济的关键应用依赖企业之间的技术合作与资源共享。通过数字平台和云计算技术，企业能够更高效地共享资源，优化供应链管理，提升产业链的整体效率。

（六）绿色低碳发展与可持续生产

低空经济的数字化转型与环保理念紧密结合，它不仅提高了生产效率，还推动了绿色低碳技术的应用。例如，eVTOL电动垂直起降飞行器和无人机的绿色电动驱动系统正在成为未来绿色经济的重要组成部分。

低碳生产模式：低空经济的推广减少了传统运输工具的使用，特别是在城市物流和货运方面。无人机、eVTOL等飞行器的使用能够大幅降低碳排放，推动传统交通运输实现绿色转型。

绿色技术与资源循环：低空经济鼓励开发和应用新能源技术，特别是电动动力系统和可持续材料。这些技术不仅减少了能源消耗，还推动了资源的循环利用，提升了新质生产力的绿色发展水平。

099 低空经济与5G、6G等通信技术的结合会带来哪些新机遇?

低空经济的发展依赖高效、稳定的通信网络支持。5G、

6G等先进通信技术的引入，不仅提升了无人机、eVTOL（电动垂直起降飞行器）、低空物流网络的运行效率，还带来了新的产业机遇，推动低空经济向更高层次发展。

（一）低空空域管理智能化

低空经济的扩展需要精准的空域管理，5G和6G的超高速率、低延迟通信特性，使得空域管理系统能够实时监控所有低空飞行器的位置、状态、飞行路径。基于5G、6G的无人机交通管理系统（UTM）可以动态调整航线，避免空域拥堵，提高飞行安全性。未来，6G的超低延迟能力将支持更精准的无人机避障、协同飞行和自动导航，让低空空域管理更加智能、高效。

（二）无人机远程操控和自动化

低空飞行器的远程控制需要强大的通信网络支持。5G网络已经能够支持无人机的实时远程操控，而6G的超高速通信和更强的边缘计算能力，将使无人机完全实现自主飞行。无人机无须依赖地面站即可自主感知环境、做出飞行决策，并与其他无人机协同作业，适用于低空物流、巡检、测绘等复杂任务。

（三）低空物流的精准调度

无人机物流依赖高效的信息传输和调度系统。5G、6G可以实现大规模低空物流网络的智能调度，使成百上千架无人机在城市上空安全、高效地执行配送任务。AI结合5G、6G数据传输，将实时分析天气、交通、空域情况，动态调整无人机的飞行路线，提高物流配送效率，减少延误。未来，无人机将能精准匹配用户需求，实现分钟级配送服务。

（四）城市低空交通（UAM）的互联互通

eVTOL等低空载人飞行器需要依靠5G、6G网络进行实时通信，确保飞行安全。通过5G、6G，飞行器可以与地面交通系统、智能交通信号灯、空域管理平台实时同步信息，实现空地一体化交通系统。未来，低空飞行器将成为智慧城市的一部分，与地面公交、无人驾驶汽车等实现无缝衔接，提升出行效率。

（五）超高清视频传输与智慧安防

低空经济在安防、监控、灾害管理等领域的应用，将因5G、6G的高速通信能力得到极大提升。无人机巡逻系统可以实时传输8K超高清视频，实现大范围、高精度监控，提高安防和灾害预警能力。在森林防火、洪水监测、城市安防等领域，智能无人机可以依靠5G、6G网络进行大规模协同作业，减少人力干预，提高响应速度。

（六）低空旅游与沉浸式体验

低空经济推动智慧旅游的发展，5G、6G的结合使得低空旅游体验更加沉浸式。游客可以通过VR/AR结合无人机航拍，实现实时互动式观光。低空飞行器可以为游客提供个性化的AI导览，结合高带宽通信，实现更具沉浸感的虚拟现实体验。6G时代，无人机与个人终端设备无缝连接，用户可以通过智能眼镜、全息影像等方式体验远程低空旅行。

（七）低空经济的安全性与稳定性提升

5G、6G技术能够提供高可靠、低延迟的通信支持，使得无人机、低空交通系统的运行更加安全。5G可以支持无人机之间的V2V（飞行器对飞行器）通信，减少空中碰撞风险。6G的更强算力支持AI自动决策，让低空飞行器具备更强的自主学习和适应能力，在复杂环境中进行自我优化，提高安全性。

（八）低空经济与工业4.0的融合

5G、6G使得低空经济能够深度嵌入工业生产流程。无人机可以成为智慧工厂、自动化物流的重要组成部分，在制造业、能源行业、建筑工地等场景进行高效巡检、货物搬运、设备维护。未来，低空经济与工业互联网融合，形成全自动化、高度协同的智能产业体系，推动生产效率大幅提升。

低空经济与5G、6G通信技术的融合，将带来全新的应用场景，推动无人机物流、智慧城市、低空交通、安防巡逻、智慧旅游等行业的发展，使低空经济成为社会数字化、智能化升级的重要动力。

100 低空经济如何带动区域创新创业生态的形成？

低空经济的发展不仅是产业升级的重要方向，也在重塑区域创新创业生态。低空经济涵盖无人机物流、空中交通、新材料、智能制造、低空基础设施等多个领域，具有极强的产业带动能力。在一个区域内，低空经济的兴起往往能够催生大量创业机会，并形成创新驱动型的经济体系。

低空经济本质上是技术密集型产业，涉及人工智能、5G通信、物联网、高精度导航、航空材料等前沿科技。围绕这些技术的突破，一系列创新型企业迅速涌现。例如，低空物流的发展促使智能无人机系统优化，不仅推动新兴企业进入市场，也促进传统物流企业的数字化转型。同时，低空飞行的安全监管、空域调度、数据分析等环节也催生了诸多技术型创业公司。

低空经济的发展直接带动区域产业链完善。在低空飞行器制造领域，既需要高精度加工的核心零部件企业，也需要软件算法支持的飞行控制系统开发商。各个环节的成熟形成完整的产业链，吸引更多上下游企业聚集，最终演变为低空经济产业集群。这种产业集群不仅提高了区域经济活力，也为创业者提供了丰富的资源，包括资金支持、技术协作、人才流动等。

随着低空经济的扩展，地方政府的政策支持力度也在不断加大。低空经济的试点城市往往会设立产业孵化器、提供财政补贴、开放试验空域等，以降低创业门槛。政府通过设立产业基金、推动产学研合作、优化审批流程等方式，加速低空经济企业落地。这种政策扶持不仅利好创业企业，也吸引了大量技术团队和投资机构进驻，进一步完善创新创业生态。

在消费端，低空经济的快速发展创造了新的商业模式和市场需求。城市低空出行、无人机外卖、智慧巡检等场景正在成为现实，衍生出众多创新创业机会。例如，无人机配送的发展促进了末端物流平台的创新，带动小型智能仓储、精准地图服务等相关领域的创业潮。同时，低空旅游、低空拍摄等新业态的发展，也为文旅行业的创业者带来了全新的商业机会。

低空经济带来的不仅是技术和产业层面的变化，还深刻影响了区域人才结构。随着无人机、低空交通等领域的兴起，相关技术人才的需求激增，高校和科研机构加快了相关学科的建设，一些低空经济企业也纷纷与院校展开合作，推动产学研一体化发展。技术人才的聚集不仅加速了低空经济的发展，也带动了其他高科技产业的升级，为区域经济提供了持续创新的动力。

资本市场的活跃也是低空经济推动区域创新创业生态的重要因素。低空经济涉及高科技产业，具有较高的技术壁垒和成长性，因而受到风险投资、产业基金的青睐。在低空经济兴起的区域，创业企业更容易获得融资，投资机构对早期科技型公司的支持力度也不断加强。这种资本活跃度的提升，使得创业者更愿意投身低空经济赛道，加速区域创新创业氛围的形成。

同时，低空经济的发展提升了区域数字化治理能力。无人机在城市管理、农业监测、环境保护等方面的应用，使得地方政府对于低空数据的管理需求大幅增加。这种需求推动了智慧城市建设，促进了数据分析、云计算、人工智能等相关产业的发展，也为相关创业企业提供了广阔的市场空间。

综上，低空经济的发展不仅是一场技术和产业变革，更是区域创新创业生态的催化剂。从技术突破到政策支持，从产业链构建到人才培养，低空经济正在全方位塑造新的经济生态，并为创业者提供前所未有的机遇。未来，随着低空基础设施的完善和商业模式的成熟，低空经济将进一步推动区域经济的创新活力，并成为产业升级和创业孵化的重要引擎。